라라의 왕초보 스페인어

문법 & 작문

후루룩외국어 x 시대에듀

이렇게 쉽고 맛있는 스페인어는 없었다!

라라의 왕초보 스페인어

문법 & 작문

후루룩외국어 x 시대에듀

머리말

스페인어 한 입 어때요?
부담 없이 꺼내 먹는 언어 한 끼!

"스페인어, 어렵지 않아요?"

한국에 와서 가장 자주 들은 질문입니다. 사실 새로운 언어를 배운다는 건 누구에게나 낯설고 어색해요. 하지만 스페인어는 생각보다 훨씬 더 살갑고 정감 있는 언어랍니다. 한국어 못지않게 사람 냄새가 가득하고, 어깨를 톡 치며 건네는 인사나 소소한 말 한마디에도 따뜻한 온기가 스며 있어요.

이 책을 통해 어렵게만 느껴지는 스페인어 규칙 설명 대신, 저만의 비밀 레시피로 말문이 트이는 즐거움을 전하고자 합니다. 왕초보 학습자라면 반드시 알아야 할 기초 문법과 기본 문장 구조부터, 최근 원어민들이 즐겨 사용하는 자연스러운 작문 패턴까지 이 한 권에 쉽고 맛있게 담았습니다.

칼로리는 낮고, 영양가는 높은 스페인어 한 끼는 제가 준비할 테니, 여러분들은 외워야 한다는 부담감을 잠시 내려놓고, 스페인 친구와 밥 한 끼 먹으며 수다 떤다는 생각으로 놀러 오세요. 처음부터 너무 잘하려고 애쓰지 않으셔도 돼요. 제가 한 문장씩 천천히, 맛있게 즐기면서 배울 수 있게 도와드릴게요.

이렇게 한 페이지씩 저와 함께 책을 넘기다 보면 어느 순간 "어? 나 스페인어로 말하고 있네?" 하는 기분 좋은 놀라움을 맛 보게 될 거예요. 이 책을 통해 여러분들이 그 놀라운 경험을 하게 된다면 저자로서 더 큰 기쁨은 없을 것입니다.

"Con constancia y sabor, todo se aprende mejor."

꾸준함과 맛으로 배우는 게 제일 확실해요.

스페인에는 이런 말이 있어요. 'Comer bien es vivir bien(잘 먹는 것이 잘 사는 것이다)'. 스페인어도 마찬가지예요. 매일 25분, 잘 배워나가는 것이 결국 스페인어를 '잘 말할 수 있는 사람'이 되는 길이라고 생각합니다.

이 책은 여러분에게 매일 한입씩 꺼내 먹고 싶은 맛있는 요리 같은 책이 되었으면 합니다. 후루룩 이해되고 말할 수 있도록 만든 스페인어 한 그릇! 하루 한 끼처럼, 하루 25분만 꾸준히 투자해 보세요. 언젠가 스페인어가 여러분의 일상에 자연스럽게 배어 있을 거예요. 함께 천천히, 꾸준히 나아가 봐요.

당신을 위한 스페인어 셰프가 되어, 매일 맛있고 든든한 한 끼를 준비해 드릴게요. 여러분의 즐거운 스페인어 첫걸음을 응원합니다. ¡Vamos!

'후루룩 왕초보 스페인어' 메인 셰프

Lara Benito

◂ 라라쌤의 유튜브 채널 놀러 가기!

책의 구성&활용법 문법작문

'라라의 왕초보 스페인어 문법 & 작문'은 메인 셰프 라라가 스페인어 왕초보 탈출에 꼭 필요한 키포인트 문법을 쉽고 즐겁게 해설하고, 학습한 문법을 바탕으로 간단한 액티비티를 통해 작문 아웃풋에 도전해 볼 수 있도록 구성했습니다. Day1부터 Day14까지 하루 25분씩 총 2주간 커리큘럼에 맞춰 학습해 보세요.

후루룩 외국어는 **자신에게 맞는 속도의 외국어를 추구합니다.**
스페인어 문법과 작문을 쉽고 맛있게 후루룩 학습해 보세요.

워밍업

❶ **오늘의 테마 맛보기**

이번 장에서 연습할 주제를 미리 확인하고 어떤 문법들이 등장할지 추측해 보세요.

❷ **원어민 음성 듣기 QR**

본문에 수록된 모든 문장을 원어민의 발음으로 들어볼 수 있어요. 학습에 활용해 보세요.

+ MP3파일은 홈페이지에서도 다운로드 받으실 수 있어요!

❸ **Can-do 확인**

이번 장을 모두 마치고 나면 무엇을 달성할 수 있는지 미리 확인할 수 있어요.

MP3 다운로드 방법

1. www.sdedu.co.kr로 접속
2. 홈페이지 상단 〈학습자료실〉에서 'MP3' 항목 클릭
3. 검색창에 '라라의 왕초보 스페인어' 검색하여 MP3 다운로드

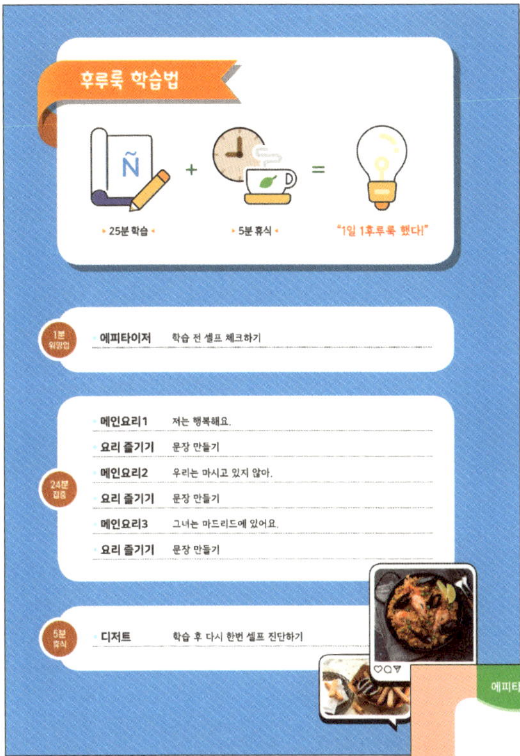

후루룩 학습법

- 후루룩 학습법 체크하기

'라라의 왕초보 스페인어'는 '후루룩 타이머(25분 학습 + 5분 휴식)'에 맞춰 학습하도록 구성되어 있어요. 본격적인 학습에 앞서 각 코스 요리의 학습목표와 주어진 시간을 미리 체크해 보세요.

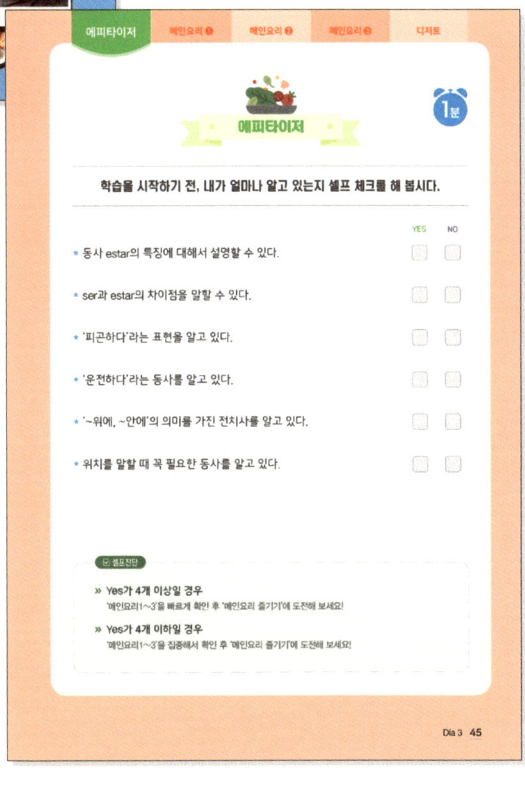

코스1. 에피타이저

후루룩 코스 첫 번째는 〈에피타이저〉예요. 학습 시작 전에 오늘의 학습 내용에 대해 얼마나 알고 있는지 셀프 체크해 보세요.

❶ 학습 전 셀프 체크

오늘의 학습 내용과 관련된 간단한 6개의 질문에 YES 혹은 NO로 답하며 현재 나의 상태를 체크해 보세요.

❷ 셀프 진단

체크리스트를 마친 후 셀프 진단에 따라 학습 방향 및 계획을 설정해 보세요.

코스2. 메인요리

후루룩 코스 두 번째는 〈메인요리〉예요. 본격적으로 학습을 시작하는 코너로 각 Day 마다 3개씩 학습 테마를 배치했어요.

❶ 핵심 문법

스페인어 왕초보 탈출에 필요한 핵심 문법을 라라의 친절한 해설과 함께 학습해 보세요.

❷ 후루룩 문장 만들기

핵심 문법을 예문과 함께 학습하며 접속 형태 · 의미 · 꿀팁으로 문장 구조를 익혀 작문의 기초를 다질 수 있어요.

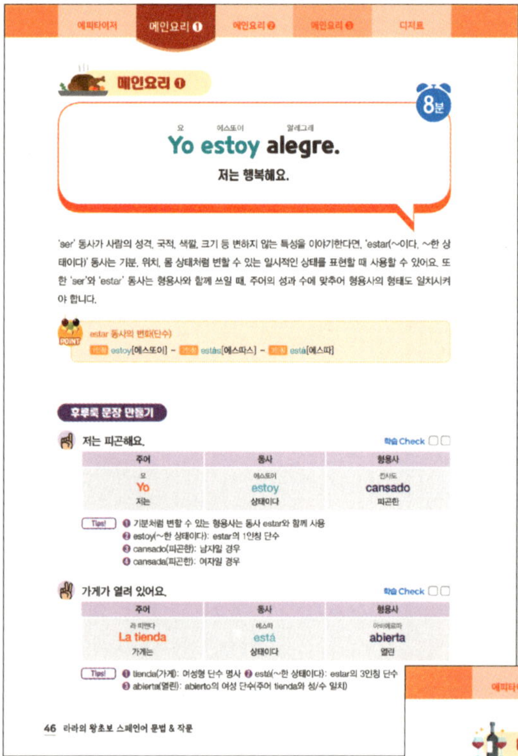

애피타이저 | 메인요리 ❶ | 메인요리 ❷ | 메인요리 ❸ | 디저트

메인요리 ❶

8분

Yo estoy alegre. (요 에스또이 알레그레)

저는 행복해요.

'ser' 동사가 사람의 성격, 국적, 색깔, 크기 등 변하지 않는 특성을 이야기한다면, 'estar(~이다, ~한 상태이다)' 동사는 기분, 위치, 몸 상태처럼 변할 수 있는 일시적인 상태를 표현할 때 사용할 수 있어요. 또한 'ser'와 'estar' 동사는 형용사와 함께 쓰일 때, 주어의 성과 수에 맞추어 형용사의 형태도 일치시켜야 합니다.

POINT estar 동사의 변화(단수)
1인칭 estoy[에스또이] – 2인칭 estás[에스따스] – 3인칭 está[에스따]

후루룩 문장 만들기

저는 피곤해요. 학습 Check

주어	동사	형용사
요 Yo 저는	에스또이 estoy 상태이다	깐사도 cansado 피곤한

Tips! ❶ 기분처럼 변할 수 있는 형용사는 동사 estar와 함께 사용
❷ estoy(~한 상태이다): estar의 1인칭 단수
❸ cansado(피곤한): 남자일 경우
❹ cansada(피곤한): 여자일 경우

가게가 열려 있어요. 학습 Check

주어	동사	형용사
라 띠엔다 La tienda 가게는	에스따 está 상태이다	아비에르따 abierta 열린

Tips! ❶ tienda(가게): 여성형 단수 명사 ❷ está(~한 상태이다): estar의 3인칭 단수
❸ abierta(열린): abierto의 여성 단수(주어 tienda와 성/수 일치)

46 라라의 왕초보 스페인어 문법 & 작문

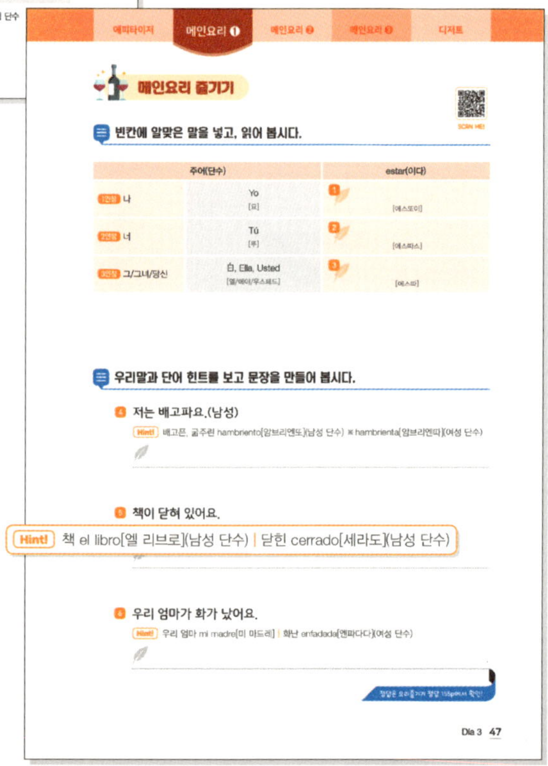

애피타이저 | 메인요리 ❶ | 메인요리 ❷ | 메인요리 ❸ | 디저트

메인요리 즐기기

SCAN ME!

빈칸에 알맞은 말을 넣고, 읽어 봅시다.

주어(단수)		estar(이다)
1인칭 나	Yo [요]	1 [에스또이]
2인칭 너	Tú [뚜]	2 [에스따스]
3인칭 그/그녀/당신	Él, Ella, Usted [엘/에야/우스뗃]	3 [에스따]

우리말과 단어 힌트를 보고 문장을 만들어 봅시다.

4 저는 배고파요.(남성)
Hint! 배고픈, 굶주린 hambriento[암브리엔또](남성 단수) ※ hambrienta[암브리엔따](여성 단수)

5 책이 닫혀 있어요.
Hint! 책 el libro[엘 리브로](남성 단수) | 닫힌 cerrado[세라도](남성 단수)

6 우리 엄마가 화가 났어요.
Hint! 우리 엄마 mi madre[미 마드레] | 화난 enfadada[엔파다다](여성 단수)

Día 3 47

❸ 메인요리 즐기기

핵심 문법을 가지고 직접 작문 연습을 해 보는 코너예요. 단어가 잘 생각나지 않을 때는 힌트를 봐 주세요.

- 작문 연습이 끝난 후 꼭 QR코드를 스캔하여 원어민 라라의 생생한 발음을 듣고 따라해 보세요.

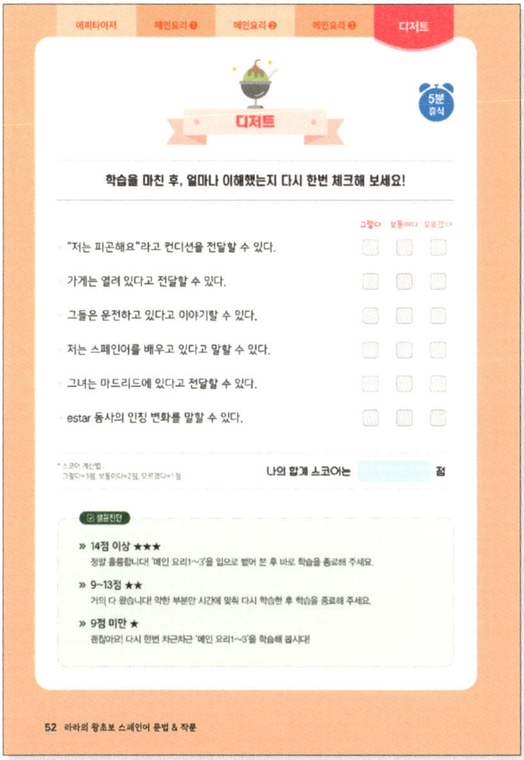

코스3. 디저트

후루룩 코스의 마지막은 〈디저트〉예요. 학습을 모두 마친 후 오늘의 학습 내용에 대해 얼마나 이해했는지 다시 한번 체크해 볼 수 있어요.

❶ 학습 후 실력 점검

앞에서 학습한 내용에 대한 디테일한 질문 6개에 '그렇다/보통이다/모르겠다' 3단계로 답하고 합계 스코어를 계산하여 나의 실력을 최종 점검해 보세요.

❷ 마무리 진단

정밀 진단에 따라 약한 부분을 복습할지 혹은 학습을 종료할지 스스로 컨트롤할 수 있어요.

부록

• 메인요리 즐기기 정답

〈메인요리 즐기기〉 코너 연습 문제의 정답을 확인할 수 있도록 정답지를 부록 162p에 수록했어요.

• 후루룩 문법 & 표현 모음집

본문에 수록된 중요 문법이나 표현을 한눈에 볼 수 있도록 부록 170p에 정리해 놓았고, 빈칸 채우기 코너를 통해 다시 한번 실력을 점검할 수 있어요.

먼저 읽어보는 스페인어

✲ 본격적인 스페인어 학습을 시작하기 전 가볍게 읽어 보세요.

1. 스페인어 알파벳(El alfabeto) 소리 익히기

	a [아]	e [에]	i [이]	o [오]	u [우]
B 베 [ㅂ]	ba [바]	be [베]	bi [비]	bo [보]	bu [부]
C 쎄 [ㄲ/ㅆ]	ca [까]	ce [쎄]	ci [씨]	co [꼬]	cu [꾸]
Ch 체 [ㅊ]	cha [차]	che [체]	chi [치]	cho [초]	chu [추]
D 데 [ㄷ]	da [다]	de [데]	di [디]	do [도]	du [두]
F 에페 [ㅍ]	fa [파]	fe [페]	fi [피]	fo [포]	fu [푸]
G 헤 [ㄱ/ㅎ]	ga [가]	ge [헤]	gi [히]	go [고]	gu [구]
		gue/güe [게 / 구에]	gui/güi [기 / 구이]		
H 아체 [ㅇ]	ha [아]	he [에]	hi [이]	ho [오]	hu [우]
J 호따 [ㅎ]	ja [하]	je [헤]	ji [히]	jo [호]	ju [후]
K 까 [ㄲ]	ka [까]	ke [께]	ki [끼]	ko [꼬]	ku [꾸]
L 엘레 [ㄹ]	la [라]	le [레]	li [리]	lo [로]	lu [루]
LL 에예 [이]	lla [야]	lle [예]	lli [이]	llo [요]	llu [유]
M 에메 [ㅁ]	ma [마]	me [메]	mi [미]	mo [모]	mu [무]

	a [아]	e [에]	i [이]	o [오]	u [우]
N 에네 [ㄴ]	na [나]	ne [네]	ni [니]	no [노]	nu [누]
Ñ 에녜 [니]	ña [냐]	ñe [녜]	ñi [니]	ño [뇨]	ñu [뉴]
P 뻬 [ㅃ]	pa [빠]	pe [뻬]	pi [삐]	po [뽀]	pu [뿌]
Q 꾸 [ㄲ]		que [께]	qui [끼]		
R 에르레 [ㄹ]	ra [라]	re [레]	ri [리]	ro [로]	ru [루]
RR 에레 도블레 [ㄹㄹ]	rra [ㄹ라]	rre [ㄹ레]	rri [ㄹ리]	rro [ㄹ로]	rru [ㄹ루]
S 에쎄 [ㅅ]	sa [사]	se [세]	si [시]	so [소]	su [수]
T 떼 [ㄸ]	ta [따]	te [떼]	ti [띠]	to [또]	tu [뚜]
V 우베 [ㅂ]	va [바]	ve [베]	vi [비]	vo [보]	vu [부]
W 우베 도블레 [우]	wa [와]	we [웨]	wi [위]	wo [워]	wu [우]
X 에끼스 [ㅆ/KS/ㅎ]	xa [싸]	xe [쎄]	xi [씨]	xo [쏘]	xu [쑤]
Y 예 [이]	ya [야]	ye [예]	yi [이]	yo [요]	yu [유]
Z 세따 [ㅆ]	za [싸]	ze [쎄]	zi [씨]	zo [쏘]	zu [쑤]

2. 특수한 스페인어 문자 및 기호 익히기

문자 / 기호	의미 / 쓰임새	예시
¿	의문문의 시작을 알리는 문장부호로, 스페인어에서는 의문문의 앞과 뒤를 모두 표시함.	¿Cómo estás? (어떻게 지내?)
¡	감탄문, 명령문 등의 시작을 나타냄. 감탄문 앞뒤에 모두 부호를 씀.	¡Qué bonito! (정말 예쁘다!)
Ñ / ñ	'ny(니 또는 뇨)' 발음으로 스페인어에만 있는 알파벳.	año [아뇨] 해, 연도 señor [세뇨르] 신사, ~씨
LL / ll	'y'와 거의 동일한 발음	llamar [야마르] 부르다
CH / ch	한글 'ㅊ'과 비슷한 발음	chico [치꼬] 소년 chocolate [쵸꼴라떼] 초콜릿
Ü / ü	'gue', 'gui'에서 u를 발음해야 할 때 사용함.	pingüino [삥귀노] 펭귄 vergüenza [베르구엔싸] 수치심
á, é, í, ó, ú	강세 위치 표시 및 뜻 구분이 필요할 때 사용함.	tú (너) - tu (너의) sí (응) - si (만약)
R / rr	부드러운 'r' 강한 굴림소리 'rr'	perro [뻬ㄹ로] 개 caro [까로] 비싼

Tips!

- ¿ 와 ¡ 는 문장 앞에 꼭 써야 해요! 영어와 달리 문장 시작에 의문/감탄 부호를 쓰지 않으면 문장의 의도 파악이 어려워요.
- ü (움라우트)는 발음 유지를 위한 표시예요. 예를 들어 pingüino에서 u 발음을 없애지 않도록 도와줘요.
- 강세(acento)는 의미 구분에 중요해요: tú (너) vs tu (너의) 처럼 발음은 비슷해도 의미는 완전히 달라요.

3. 스페인어 숫자 익히기

숫자	스페인어	숫자	스페인어	숫자	스페인어
1	uno [우노]	11	once [온세]	30	treinta [뜨레인따]
2	dos [도스]	12	doce [도세]	40	cuarenta [꾸아렌따]
3	tres [뜨레스]	13	trece [뜨레세]	50	cincuenta [신꾸엔따]
4	cuatro [꾸아뜨로]	14	catorce [까또르세]	60	sesenta [세센따]
5	cinco [신꼬]	15	quince [낀세]	70	setenta [세뗀따]
6	seis [세이스]	16	dieciséis [디에시세이스]	80	ochenta [오첸따]
7	siete [시에떼]	17	diecisiete [디에시시에떼]	90	noventa [노벤따]
8	ocho [오초]	18	dieciocho [디에시오초]	100	cien [시엔]
9	nueve [누에베]	19	diecinueve [디에시누에베]	1,000	mil [밀]
10	diez [디에스]	20	veinte [베인떼]	10,000	diez mil [디에스 밀]

Tips!

- 1(uno)는 성별에 따라 변화해요: 남성 명사 앞에선 un, 여성 명사 앞에선 una로 바뀝니다
  예 un libro(책 한 권), una casa(집 한 채)
- 21~29는 veinti + 숫자 형태로 붙여 써요. 예 veintiuno [베인띠우노] 21
- Diez mil(10,000)은 직역하면 '열 개의 천'과 같은 뉘앙스예요.

4. 스페인어 기본 인사말 익히기

안녕!	¡Hola! [올라!]
아침 인사	¡Buenos días! [부에노스 디아스!]
오후 인사	¡Buenas tardes! [부에나스 따르데스!]
밤 인사	¡Buenas noches! [부에나스 노체스!]
다음에 또 봐요!	¡Hasta luego! [아스따 루에고!]
어떻게 지내요?	¿Cómo estás? [꼬모 에스따스?] ¿Qué tal? [께 딸?]
잘 지내요.	Estoy bien. [에스또이 비엔.]
(정말) 감사합니다.	(Muchas) Gracias. [(무차스) 그라씨아스.]
천만에요.	De nada. [데 나다.]
미안해요(실례합니다).	Perdón. [뻬르돈.]
만나서 반갑습니다.	Encantado. [엔깐따도.] → 본인이 '남자'일 때 Encantada. [엔깐따다.] → 본인이 '여자'일 때 Mucho gusto. [무초 구스또.] → 성별 구별 없음
네 / 아니오	Sí [시] / No [노]
부탁합니다.	Por favor. [뽀르 파보르.] → 영어의 please 에 해당하는 표현 → 명령/부탁을 할 때 사용

차례

1후루룩 완료!

Día 1 "저는 스페인어를 해요."

에피타이저 학습 전 셀프 체크 ········ 23
메인요리 ❶ 긍정문 어순과 규칙동사 ········ 24
메인요리 ❷ 부정문 어순과 규칙동사 ········ 26
메인요리 ❸ 의문문 어순과 규칙동사 ········ 28
디저트 학습 후 실력 점검 ········ 30

1후루룩 완료!

Día 2 "저는 라라예요."

에피타이저 학습 전 셀프 체크 ········ 33
메인요리 ❶ 불규칙 동사 ser 용법 1 ········ 34
메인요리 ❷ 불규칙 동사 ser 용법 2 ········ 36
메인요리 ❸ 불규칙 동사 ser 용법 3 ········ 38
디저트 학습 후 실력 점검 ········ 40

1후루룩 완료!

Día 3 "저는 행복해요."

에피타이저 학습 전 셀프 체크 ········ 43
메인요리 ❶ 불규칙 동사 estar 용법 1 ········ 44
메인요리 ❷ 불규칙 동사 estar 용법 2 ········ 46
메인요리 ❸ 불규칙 동사 estar 용법 3 ········ 48
디저트 학습 후 실력 점검 ········ 50

Tips! **'1일 1후루룩'**을 달성했다면 박스에 체크 표시 ✔를 해 보세요!

Día 4 "음악은 아름다워요." 1후루룩 완료!

에피타이저 학습 전 셀프 체크 ········ 53
메인요리 ❶ 정관사 ········ 54
메인요리 ❷ 부정관사 ········ 56
메인요리 ❸ 지시대명사 ········ 58
디저트 학습 후 실력 점검 ········ 60

Día 5 "저는 9월에 마드리드로 가요." 1후루룩 완료!

에피타이저 학습 전 셀프 체크 ········ 63
메인요리 ❶ 요일 표현 ········ 64
메인요리 ❷ 월 표현 ········ 66
메인요리 ❸ 범위(~부터 ~까지) 표현 ········ 68
디저트 학습 후 실력 점검 ········ 70

Día 6 "저는 20살이에요." 1후루룩 완료!

에피타이저 학습 전 셀프 체크 ········ 73
메인요리 ❶ 기수(수량 · 나이 · 날짜 · 가격) ········ 74
메인요리 ❷ 서수(순서 · 순위 · 차례) ········ 76
메인요리 ❸ 나이 표현 ········ 78
디저트 학습 후 실력 점검 ········ 80

Día 7 "오늘 뭐해요?" 1후루룩 완료!

에피타이저 학습 전 셀프 체크 ········ 83
메인요리 ❶ 의문사(무엇) ········ 84
메인요리 ❷ 의문사(누구) ········ 86
메인요리 ❸ 의문사(왜) ········ 88
디저트 학습 후 실력 점검 ········ 90

Día 8 "지금 몇 시예요?"

1후루룩 완료!

에피타이저 학습 전 셀프 체크 ····· 93
메인요리 ❶ 시간 표현 ····· 94
메인요리 ❷ 분 표현 ····· 96
메인요리 ❸ 소요시간 표현 ····· 98
디저트 학습 後 실력 점검 ····· 100

Día 9 "우리는 축구에 열광해요!"

1후루룩 완료!

에피타이저 학습 전 셀프 체크 ····· 103
메인요리 ❶ Gustar류 감정 표현 1 ····· 104
메인요리 ❷ Gustar류 감정 표현 2 ····· 106
메인요리 ❸ Gustar류 감정 표현 3 ····· 108
디저트 학습 後 실력 점검 ····· 110

Día 10 "제 집은 가까워요."

1후루룩 완료!

에피타이저 학습 전 셀프 체크 ····· 113
메인요리 ❶ 소유사 단수형 ····· 114
메인요리 ❷ 소유사 복수형 ····· 116
메인요리 ❸ 역접 표현 ····· 118
디저트 학습 後 실력 점검 ····· 120

Día 11 "또르띠야는 어떻게 만드나요?"

1후루룩 완료!

에피타이저 학습 전 셀프 체크 ····· 123
메인요리 ❶ 의문사(어떻게) ····· 124
메인요리 ❷ 의문사(언제) ····· 126
메인요리 ❸ 의문사(어디) ····· 128
디저트 학습 後 실력 점검 ····· 130

Día 12 "오늘도 어제만큼 비가 많이 오나요?" 1후루룩 완료!

에피타이저 학습 전 셀프 체크 ······ 133
메인요리 ❶ 비교급 más 표현 ······ 134
메인요리 ❷ 비교급 menos 표현 ······ 136
메인요리 ❸ 비교급 tanto 표현 ······ 138
디저트 학습 후 실력 점검 ······ 140

Día 13 "저는 매일 많이 달려요." 1후루룩 완료!

에피타이저 학습 전 셀프 체크 ······ 143
메인요리 ❶ muy와 mucho 강조 표현 ······ 144
메인요리 ❷ 불규칙 비교급과 최상급 표현 ······ 146
메인요리 ❸ 강조형 최상급 표현 ······ 148
디저트 학습 후 실력 점검 ······ 150

Día 14 "저는 8시에 일어나요." 1후루룩 완료!

에피타이저 학습 전 셀프 체크 ······ 153
메인요리 ❶ 재귀대명사 단수 ······ 154
메인요리 ❷ 재귀대명사 복수 ······ 156
메인요리 ❸ 비인칭문 ······ 158
디저트 학습 후 실력 점검 ······ 160

Especial 메인요리 즐기기 정답 ······ 162
후루룩 단어 모음집 ······ 170

문법&작문

“Estudiar un idioma es sembrar sueños en otro mundo. Sigue adelante, vas muy bien!”

언어를 배우는 건 다른 세계에 꿈을 심는 거야.
계속 나아가, 아주 잘하고 있어

원어민 음성듣기

Día 1

"저는 스페인어를 해요"

오늘의 후루룩 코스

에피타이저 · 메인요리1~3 · 디저트

Día 1 학습을 모두 마치면

스페인어 어순을 완벽하게 이해하고
간단한 정보를 확실히 전달할 수 있어요.

후루룩 학습법

▸ 25분 학습 ◂ + ▸ 5분 휴식 ◂ = "1일 1후루룩 했다!"

1분 워밍업

- **에피타이저** 학습 전 셀프 체크하기

24분 집중

- **메인요리1** 저는 스페인어를 해요.
- **요리 즐기기** 문장 만들기
- **메인요리2** 너희들은 술을 마시지 않아요.
- **요리 즐기기** 문장 만들기
- **메인요리3** 당신은 카드로 결제하나요?
- **요리 즐기기** 문장 만들기

5분 휴식

- **디저트** 학습 후 다시 한번 셀프 진단하기

1분

에피타이저

학습을 시작하기 전, 내가 얼마나 알고 있는지 셀프 체크를 해 봅시다.

	YES	NO
★ 스페인어의 긍정문 어순을 알고 있다.	☐	☐
★ 스페인어의 부정문 어순을 알고 있다.	☐	☐
★ 스페인어의 의문문 어순을 알고 있다.	☐	☐
★ 규칙 동사 세 가지를 말할 수 있다.	☐	☐
★ Yo, Tú, Él/Ella/Usted를 읽고 설명할 수 있다.	☐	☐
★ 인칭대명사 1인칭, 2인칭, 3인칭 복수형을 알고 있다.	☐	☐

☑ 셀프진단

» Yes가 4개 이상일 경우

'메인요리1~3'을 빠르게 확인 후 '메인요리 즐기기'에 도전해 보세요!

» Yes가 4개 이하일 경우

'메인요리1~3'을 집중해서 확인 후 '메인요리 즐기기'에 도전해 보세요!

메인요리 ❶

8분

요 아블로 에스빠뇰
Yo hablo español.

저는 스페인어를 해요.

스페인어의 긍정문은 '주어-동사-목적어' 순으로 구성돼요. 또한 동사는 항상 '-ar, -er, -ir'로 끝나고, 규칙 변화하는 규칙 동사와 불규칙 변화하는 불규칙 동사로 나뉘며, 주어의 인칭과 수에 따라 형태가 변해요.

POINT 규칙 동사의 변화(단수): 규칙 동사는 일정한 패턴으로 동사가 변함

주어(단수)		hablar 말하다	comer 먹다	vivir 살다
1인칭 나	Yo [요]	hablo [아블로]	como [꼬모]	vivo [비보]
2인칭 너	Tú [뚜]	hablas [아블라스]	comes [꼬메스]	vives [비베스]
3인칭 그/그녀/당신	Él/Ella/Usted [엘/에야/우스떼드]	habla [아블라]	come [꼬메]	vive [비베]

후루룩 문장 만들기

나는 중국어를 해.

학습 Check ☐☐

주어	동사	목적어
요 **Yo** 나는	아블로 **hablo** 말하다	치노 **chino** 중국어를

Tips! ❶ Yo(나): 1인칭 단수 ❷ hablo(말하다): hablar의 1인칭 단수(주어와 인칭/수 일치)
❸ chino(중국어): 남성 단수, 언어 이름은 보통 정관사 없이 사용

그는 한국에 살아요.

학습 Check ☐☐

주어	동사	목적어
엘 **Él** 그는	비베 **vive** 살다	엔 꼬레아 델 수르 **en Corea del Sur** 한국에

Tips! ❶ Él(그): 3인칭 단수, 남성 ❷ vive(살다): vivir의 3인칭 단수(주어와 인칭/수 일치)
❸ en(~에, ~에서): 장소를 나타내는 전치사
❹ Corea del Sur(대한민국): 직역하면 남쪽의 한국

메인요리 즐기기

SCAN ME!

빈칸에 알맞은 말을 넣고, 읽어 봅시다.

주어	hablar 말하다	comer 먹다	vivir 살다
1인칭 나	1 [아블로]	4 [꼬모]	7 [비보]
2인칭 너	2 [아블라스]	5 [꼬메스]	8 [비베스]
3인칭 그/그녀/당신	3 [아블라]	6 [꼬메]	9 [비베]

우리말과 단어 힌트를 보고 문장을 만들어 봅시다.

10 저는 스페인어를 해요.

Hint! 스페인어 español[에스빠뇰]

11 그녀는 케이크를 먹어요.

Hint! 케이크 una tarta[우나 따르따]

12 너는 마드리드에 살아요.

Hint! 마드리드 Madrid[마드리드]

정답은 요리즐기기 정답 162p에서 확인!

메인요리 ❷

8분

보소뜨로스 노 베베이스 알꼴

Vosotros no bebéis alcohol.

너희들은 술을 마시지 않아요.

스페인어의 부정문은 '주어-NO-동사-목적어' 순으로 말해요. 이번에는 복수 주어일 때 -ar, -er, -ir 규칙 동사의 활용 형태를 함께 살펴봅시다.

POINT

규칙 동사의 변화(복수): 규칙 동사는 일정한 패턴으로 동사가 변함

주어(복수)		trabajar 일하다	beber 마시다	escribir 쓰다
1인칭 우리/우리(여자만)	Nosotros/Nosotras [노소뜨로스/노소뜨라스]	trabajamos [뜨라바하모스]	bebemos [베베모스]	escribimos [에스끄리비모스]
2인칭 너희/너희(여자만)	Vosotros/Vosotras [보소뜨로스/보소뜨라스]	trabajáis [뜨라바하이스]	bebéis [베베이스]	escribís [에스끄리비스]
3인칭 그들/그녀들/당신들	Ellos/Ellas/Ustedes [에요스/에야스/우스떼데스]	trabajan [뜨라바한]	beben [베벤]	escriben [에스끄리벤]

후루룩 문장 만들기

☝ 우리는 와인을 안 마셔요. 학습 Check ☐☐

주어	부사	동사	목적어
노소뜨로스 Nosotros 우리는	노 no 안	베베모스 bebemos 마셔요	비노 vino 와인을

Tips! ❶ Nosotros(우리): 1인칭 복수(여성만 있을 경우에는 Nosotras 사용)
❷ bebemos(마시다): beber의 1인칭 복수(주어와 인칭/수 일치)

✌ 그들은 편지를 쓰지 않아요. 학습 Check ☐☐

주어	부사	동사	목적어
에요스 Ellos 그들은	노 no 안	에스끄리벤 escriben 써요	까르따스 cartas 편지를

Tips! ❶ escriben(쓰다): 동사 escribir의 3인칭 복수(주어와 인칭/수 일치)

메인요리 즐기기

SCAN ME!

빈칸에 알맞은 말을 넣고, 읽어 봅시다.

주어	trabajar 일하다	beber 마시다	escribir 쓰다
1인칭 우리/우리(여자만)	1 [뜨라바하모스]	4 [베베모스]	7 [에스끄리비모스]
2인칭 너희/너희(여자만)	2 [뜨라바하이스]	5 [베베이스]	8 [에스끄리비스]
3인칭 그들/그녀들/당신들	3 [뜨라바한]	6 [베벤]	9 [에스끄리벤]

우리말과 단어 힌트를 보고 문장을 만들어 봅시다.

10 우리는 사무실에서 일하지 않아요.

Hint! ~에(서) en[엔] | 사무실 una oficina[우나 오피시나]

11 너희들은 술을 마시지 않아요.

Hint! 술 alcohol[알꼴]

12 그녀들은 이메일을 쓰지 않아요.

Hint! 이메일(복수) emails[이메일스]

정답은 요리즐기기 정답 162p에서 확인!

메인요리 ❸

8분

우스떼드 꼼쁘라 꼰 따르헤따

¿Usted compra con tarjeta?

당신은 카드로 결제하나요?

스페인어 의문문은 문장 구조를 바꾸지 않고 앞뒤에 '¿ ~?'만 붙이면 됩니다. 그럼, 규칙 동사로 의문문을 만들어 볼까요?

POINT

규칙 동사의 현재 시제 어미 변화 총정리

주어		comprar 사다	leer 읽다	abrir 열다
1인칭 단수	Yo	compro	leo	abro
2인칭 단수	Tú	compras	lees	abres
3인칭 단수	Él / Ella / Usted	compra	lee	abre
1인칭 복수	Nosotros/Nosotras	compramos	leemos	abrimos
2인칭 복수	Vosotros/Vosotras	compráis	leéis	abrís
3인칭 복수	Ellos / Ellas / Ustedes	compran	leen	abren

후루룩 문장 만들기

☝ 그들은 잡지들을 읽어요? 학습 Check ☐☐

주어	동사	목적어
에요스 ¿Ellos 그들은	레엔 leen 읽어요	레비스따스 revistas? 잡지들

Tips! ❶ Ellos(그들): 3인칭 복수 ❷ leen(읽다): leer[레에르]의 3인칭 복수(주어와 인칭/수 일치)

✌ 당신은 카드로 사나요(결제하시나요)? 학습 Check ☐☐

주어	동사	목적어
우스떼드 ¿Usted 당신은	꼼쁘라 compra 사나요	꼰 따르헤따 con tarjeta? 카드로

Tips! ❶ Usted(당신, 격식있는 표현): 3인칭 단수 ❷ compra(사다): comprar의 3인칭 단수(주어와 인칭/수 일치) ❸ con(~로): 방법/수단의 전치사

메인요리 즐기기

SCAN ME!

규칙 동사의 어미 변화를 괄호 안에 넣어 보세요.

주어		1 comprar 사다	2 leer 읽다	3 abrir 열다
1인칭 단수	Yo	compr( )	le( )	abr( )
2인칭 단수	Tú	compr( )	le( )	abr( )
3인칭 단수	Él / Ella / Usted	compr( )	le( )	abr( )
1인칭 복수	Nosotros/Nosotras	compr( )	le( )	abr( )
2인칭 복수	Vosotros/Vosotras	compr( )	le( )	abr( )
3인칭 복수	Ellos / Ellas / Ustedes	compr( )	le( )	abr( )

우리말과 단어 힌트를 보고 문장을 만들어 봅시다.

4 그녀가 창문을 열어요.

Hint! 창문 la ventana[라 벤따나]

5 그는 근처에 살아요?

Hint! 근처에 cerca[세르까] | 살다 vivir[비비르]

6 너희들은 탄산음료를 안 마셔요?

Hint! 탄산음료 refrescos[레프레스꼬스] | 마시다 beber[베베르]

정답은 요리즐기기 정답 162p에서 확인!

5분 휴식

디저트

학습을 마친 후, 얼마나 이해했는지 다시 한번 체크해 보세요!

	그렇다	보통이다	모르겠다
스페인어의 어순을 친구에게 설명할 수 있다.	☐	☐	☐
스페인어를 한다고 상대에게 전달할 수 있다.	☐	☐	☐
우리는 와인을 안 마신다고 말할 수 있다.	☐	☐	☐
그녀들은 이메일을 쓰지 않는다고 말할 수 있다.	☐	☐	☐
그가 근처에 사는지 물어볼 수 있다.	☐	☐	☐
'-er'로 끝나는 동사의 인칭별 변화를 알고 있다.	☐	☐	☐

* 스코어 계산법 :
그렇다=3점, 보통이다=2점, 모르겠다=1점

나의 합계 스코어는 ______ **점**

☑ 셀프진단

» 14점 이상 ★★★
정말 훌륭합니다! '메인 요리1~3'을 입으로 뱉어 본 후 바로 학습을 종료해 주세요.

» 9~13점 ★★
거의 다 왔습니다! 약한 부분만 시간에 맞춰 다시 학습한 후 학습을 종료해 주세요.

» 9점 미만 ★
괜찮아요! 다시 한번 차근차근 '메인 요리1~3'을 학습해 봅시다!

원어민 음성듣기

Día 2

“저는 라라예요”

오늘의 후루룩 코스

에피타이저 / 메인요리1~3 / 디저트

Día 2 학습을 모두 마치면

Ser 동사로 사람과 사물의 특징을
자유롭게 설명할 수 있어요.

후루룩 학습법

▸ 25분 학습 ◂ + ▸ 5분 휴식 ◂ = "1일 1후루룩 했다!"

1분 워밍업

- **에피타이저** 학습 전 셀프 체크하기

24분 집중

- **메인요리1** 저는 라라예요.
- **요리 즐기기** 문장 만들기
- **메인요리2** 너희들은 마드리드에서 왔습니다.
- **요리 즐기기** 문장 만들기
- **메인요리3** 내일은 일요일인가요?
- **요리 즐기기** 문장 만들기

5분 휴식

- **디저트** 학습 후 다시 한번 셀프 진단하기

에피타이저

1분

학습을 시작하기 전, 내가 얼마나 알고 있는지 셀프 체크를 해 봅시다.

	YES	NO
★ 동사 ser의 의미를 알고 있다.	☐	☐
★ “저는 ~예요”라고 이름을 소개할 수 있다.	☐	☐
★ '한국인'을 스페인어로 말하고 쓸 수 있다.	☐	☐
★ '날씬하다', '젊다'를 스페인어로 알고 있다.	☐	☐
★ '~출신의, ~로, ~의 것' 등을 표현하는 전치사를 알고 있다.	☐	☐
★ 동사 ser의 인칭별 변화를 설명할 수 있다.	☐	☐

☑ 셀프진단

» Yes가 4개 이상일 경우
'메인요리1~3'을 빠르게 확인 후 '메인요리 즐기기'에 도전해 보세요!

» Yes가 4개 이하일 경우
'메인요리1~3'을 집중해서 확인 후 '메인요리 즐기기'에 도전해 보세요!

메인요리 ❶

8분

요 소이 라라

Yo soy Lara.

저는 라라예요.

앞에서 알아본 '-ar, -er, -ir' 규칙 동사들은 일정한 규칙에 따라 변화하는데, 스페인어에는 'ser(~이다)'처럼 규칙에 따르지 않고 특별하게 변하는 불규칙 동사들이 많아요. 이런 불규칙 동사는 주어의 인칭별로 다르게 변화하기 때문에 통째로 암기해야 합니다. 'ser(~이다)' 동사는 이름 · 국적 · 외모 · 직업 · 성격 · 인간 관계 · 날짜 · 시간처럼 변하지 않는 속성을 나타낼 때 사용하는 것이 특징이에요.

POINT ser 동사의 변화(단수): 1인칭 soy[소이] – 2인칭 eres[에레스] – 3인칭 es[에스]

후루룩 문장 만들기

저는 선생님입니다. 학습 Check ☐☐

주어	동사	명사
요 Yo 저는	소이 soy 입니다	쁘로페소르 profesor 선생님

Tips! ❶ soy(~이다): ser의 1인칭 단수(주어 Yo에 맞춘 변화형)
❷ profesor(남자 교사)/profesora (여자 교사): 명사의 성별에 따른 어미 변화

그는 한국인입니다. 학습 Check ☐☐

주어	동사	명사
엘 Él 그는	에스 es 입니다	꼬레아노 coreano 한국 사람

Tips! ❶ es(~이다): ser의 3인칭 단수(주어 él에 맞춘 변화형)
❷ coreano(한국 사람): 남자일 경우 ❸ coreana(한국 사람): 여자일 경우

메인요리 즐기기

SCAN ME!

빈칸에 알맞은 동사를 적어 보세요.

주어(단수)		ser(이다)
1인칭 나	Yo [요]	1 [소이]
2인칭 너	Tú [뚜]	2 [에레스]
3인칭 그/그녀/당신	Él, Ella, Usted [엘/에야/우스떼드]	3 [에스]

우리말과 단어 힌트를 보고 문장을 만들어 봅시다.

4 그녀는 날씬해요.

Hint! 날씬한(여성) delgada[델가다] ※ 날씬한(남성) delgado[델가도]

5 나는 미국인이에요.(남성)

Hint! 미국인(남성) americano[아메리까노] ※ 미국인(여성) americana[아메리까나]

6 그는 젊어요.

Hint! 젊은 jóven[호벤](남성 · 여성 동일하게 사용)

정답은 요리즐기기 정답 162p에서 확인!

메인요리 ❷

8분

보소뜨로스 소이스 데 마드리드
Vosotros sois de Madrid.

너희들은 마드리드에서 왔습니다.

'ser(~이다)' 동사는 누군가의 소유, 재료, 출신지를 말할 때도 사용되는데, 이때 항상 ser 다음에 전치사 'de(~에서, ~로, ~것)'를 붙여 주세요.

POINT ser 동사의 변화(복수): 1인칭 somos[소모스] – 2인칭 sois[소이스] – 3인칭 son[손]

후루룩 문장 만들기

[출신지] 우리는 한국에서 왔습니다. 학습 Check ☐☐

주어(1인칭 복수)	동사	전치사	명사(장소)
노소뜨로스 Nosotros 우리는	소모스 somos 입니다	데 de 에서 온/출신의	꼬레아 Corea 한국

[재료] 집들은 유리로 만들어지지 않습니다. 학습 Check ☐☐

주어(3인칭 복수)	부정형	동사	전치사	명사(재료)
라스 까사스 Las casas 집들은	노 no 아니다	손 son 입니다	데 de 로	끄리스딸 cristal 유리

[소유] 그 책들은 우리 어머니 것이에요. 학습 Check ☐☐

주어(3인칭 복수)	동사	전치사	명사(소유)
로스 리브로스 Los libros 그 책들은	손 son 입니다	데 de 것	미 마드레 mi madre 우리 엄마

메인요리 즐기기

SCAN ME!

빈칸에 알맞은 동사를 적어 보세요.

주어(복수)		ser(이다)
1인칭 우리/우리(여자만)	Nosotros/Nosotras [노소뜨로스/노소뜨라스]	1 [소모스]
2인칭 너희/너희(여자만)	Vosotros/Vosotras [보소뜨로스/보소뜨라스]	2 [소이스]
3인칭 그들/그녀들/당신들	Ellos/Ellas/Ustedes [에요스/에야스/우스떼데스]	3 [손]

우리말과 단어 힌트를 보고 문장을 만들어 봅시다.

4 너희들은 아르헨티나에서 왔습니다.

Hint! 아르헨티나 Argentina[아르헨띠나]

5 비행기들은 금속으로 만들었습니다.

Hint! 비행기들 los aviones[로스 아비오네스] | 금속 metal[메딸]

6 티셔츠들은 내 여동생 것이에요.

Hint! 티셔츠들 las camisetas[라 까미세따] | 내 여동생 mi hermana[미 에르마나]

정답은 요리즐기기 정답 162p에서 확인!

메인요리 ❸

8분

마냐나 에스 도민고

¿ Mañana es domingo?

내일은 일요일인가요?

다양한 의미를 가지고 있는 'ser' 동사는 시간, 날짜, 계절, 수량 등을 말할 때에도 활용할 수 있어요. 주어가 시간이나 날씨처럼 외부적인 것들은 보통 3인칭에 속합니다.

POINT

ser 동사의 변화 총정리(현재시제)

주어		ser(이다)
1인칭 단수 나	Yo	soy[소이]
2인칭 단수 너	Tú	eres[에레스]
3인칭 단수 그/그녀/당신	Él / Ella / Usted	es[에스]
1인칭 복수 우리/우리(여자만)	Nosotros/Nosotras	somos[소모스]
2인칭 복수 너희/너희(여자만)	Vosotros/Vosotras	sois[소이스]
3인칭 복수 그들/그녀들/당신들	Ellos / Ellas / Ustedes	son[손]

후루룩 문장 만들기

내일 일요일인가요? 학습 Check ☐☐

주어	동사	명사
마냐나 ¿Mañana 내일은	에스 es 입니다	도민고 domingo? 일요일

Tips! ❶ Mañana(내일): 3인칭 단수 ❷ es(~이다): ser의 3인칭 단수(주어에 맞춘 변화형)

지금은 여름이 아닙니다. 학습 Check ☐☐

시간 부사	부정형	동사	명사
아오라 Ahora 지금은	노 no 아니다	에스 es 입니다	베라노 verano 여름

Tips! ❶ Ahora(지금): 시간 부사(3인칭 단수로 간주)
❷ es(~이다): ser의 3인칭 단수(주어에 맞춘 변화형)

메인요리 즐기기

SCAN ME!

빈칸에 불규칙 동사 ser의 변화를 알맞게 넣어 보세요.

인칭	주어(단수)+ ser(이다)	주어(복수) + ser(이다)
1인칭	1 [소이]	4 [소모스]
2인칭	2 [에레스]	5 [소이스]
3인칭	3 [에스]	6 [손]

우리말과 단어 힌트를 보고 문장을 만들어 봅시다.

7 그들은 3형제인가요?

Hint! 삼형제 tres hermanos[뜨레스 에르마노스]

8 공연은 오전 10시입니다.

Hint! 공연 El espectáculo[엘 에스뻭따꿀로] | 오전 10시 a las 10am[아 라스 디에스]

9 내일은 금요일이 아닙니다.

Hint! 내일 mañana[마냐나] | 금요일 viernes[비에르네스]

정답은 요리즐기기 정답 162p에서 확인!

5분 휴식

디저트

학습을 마친 후, 얼마나 이해했는지 다시 한번 체크해 보세요!

	그렇다	보통이다	모르겠다
불규칙 동사 ser의 인칭별 변화를 설명할 수 있다.	☐	☐	☐
"그는 젊어요"라고 말할 수 있다.	☐	☐	☐
"우리는 한국에서 왔어요"라고 전달할 수 있다.	☐	☐	☐
비행기는 금속으로 만들어졌다고 설명할 수 있다.	☐	☐	☐
"내일은 일요일인가요?"라고 물어볼 수 있다.	☐	☐	☐
"내일은 일요일이 아니에요"라고 답할 수 있다.	☐	☐	☐

* 스코어 계산법 :
그렇다=3점, 보통이다=2점, 모르겠다=1점

나의 합계 스코어는 ______ **점**

☑ 셀프진단

» **14점 이상 ★★★**
정말 훌륭합니다! '메인 요리1~3'을 입으로 뱉어 본 후 바로 학습을 종료해 주세요.

» **9~13점 ★★**
거의 다 왔습니다! 약한 부분만 시간에 맞춰 다시 학습한 후 학습을 종료해 주세요.

» **9점 미만 ★**
괜찮아요! 다시 한번 차근차근 '메인 요리1~3'을 학습해 봅시다!

원어민 음성듣기

Día 3

“저는 행복해요”

오늘의 후루룩 코스

에피타이저 / 메인요리1~3 / 디저트

Día 3 학습을 모두 마치면

동사 estar로 사람 기분이나 사물의 상태를 전달할 수 있어요.

후루룩 학습법

▸ 25분 학습 ◂ + ▸ 5분 휴식 ◂ = "1일 1후루룩 했다!"

1분 워밍업

- **에피타이저** 학습 전 셀프 체크하기

24분 집중

- **메인요리1** 저는 행복해요.
- **요리 즐기기** 문장 만들기
- **메인요리2** 우리는 마시고 있지 않아.
- **요리 즐기기** 문장 만들기
- **메인요리3** 그녀는 마드리드에 있어요.
- **요리 즐기기** 문장 만들기

5분 휴식

- **디저트** 학습 후 다시 한번 셀프 진단하기

에피타이저

1분

학습을 시작하기 전, 내가 얼마나 알고 있는지 셀프 체크를 해 봅시다.

	YES	NO
★ 동사 estar의 특징에 대해서 설명할 수 있다.	☐	☐
★ ser과 estar의 차이점을 말할 수 있다.	☐	☐
★ '피곤하다'라는 표현을 알고 있다.	☐	☐
★ '운전하다'라는 동사를 알고 있다.	☐	☐
★ '~위에, ~안에'의 의미를 가진 전치사를 알고 있다.	☐	☐
★ 위치를 말할 때 꼭 필요한 동사를 알고 있다.	☐	☐

☑ 셀프진단

» Yes가 4개 이상일 경우
'메인요리1~3'을 빠르게 확인 후 '메인요리 즐기기'에 도전해 보세요!

» Yes가 4개 이하일 경우
'메인요리1~3'을 집중해서 확인 후 '메인요리 즐기기'에 도전해 보세요!

메인요리 ❶

8분

요 에스또이 알레그래
Yo estoy alegre.
저는 행복해요.

'ser' 동사가 사람의 성격, 국적, 색깔, 크기 등 변하지 않는 특성을 이야기한다면, 'estar(~이다, ~한 상태이다)' 동사는 기분, 위치, 몸 상태처럼 변할 수 있는 일시적인 상태를 표현할 때 사용할 수 있어요. 또한 'ser'와 'estar' 동사는 형용사와 함께 쓰일 때, 주어의 성과 수에 맞추어 형용사의 형태도 일치시켜야 합니다.

POINT estar 동사의 변화(단수)
1인칭 estoy[에스또이] - 2인칭 estás[에스따스] - 3인칭 está[에스따]

후루룩 문장 만들기

저는 피곤해요. 학습 Check ☐☐

주어	동사	형용사
요 **Yo** 저는	에스또이 **estoy** 상태이다	깐사도 **cansado** 피곤한

Tips!
❶ 기분처럼 변할 수 있는 형용사는 동사 estar와 함께 사용
❷ estoy(~한 상태이다): estar의 1인칭 단수
❸ cansado(피곤한): 남자일 경우
❹ cansada(피곤한): 여자일 경우

가게가 열려 있어요. 학습 Check ☐☐

주어	동사	형용사
라 띠엔다 **La tienda** 가게는	에스따 **está** 상태이다	아비에르따 **abierta** 열린

Tips!
❶ tienda(가게): 여성형 단수 명사 ❷ está(~한 상태이다): estar의 3인칭 단수
❸ abierta(열린): abierto의 여성 단수(주어 tienda와 성/수 일치)

메인요리 즐기기

SCAN ME!

빈칸에 알맞은 말을 넣고, 읽어 봅시다.

주어(단수)		estar(이다)
1인칭 나	Yo [요]	1 [에스또이]
2인칭 너	Tú [뚜]	2 [에스따스]
3인칭 그/그녀/당신	Él, Ella, Usted [엘/에야/우스떼드]	3 [에스따]

우리말과 단어 힌트를 보고 문장을 만들어 봅시다.

4 저는 배고파요.(남성)

Hint! 배고픈, 굶주린 hambriento[암브리엔또](남성 단수) ※hambrienta[암브리엔따](여성 단수)

5 책이 닫혀 있어요.

Hint! 책 el libro[엘 리브로](남성 단수) | 닫힌 cerrado[세라도](남성 단수)

6 우리 엄마가 화가 났어요.

Hint! 우리 엄마 mi madre[미 마드레] | 화난 enfadada[엔파다다](여성 단수)

정답은 요리즐기기 정답 163p에서 확인!

메인요리 ❷

8분

노소뜨로스 노 에스따모스 베비엔도
Nosotros no estamos bebiendo.

우리는 마시고 있지 않아.

동사 'estar(~중입니다)'는 현재 진행 중인 동작을 말할 때도 사용해요. 진행형은 estar 뒤에 오는 동사가 '-ar'로 끝나면 -ando, -er/-ir로 끝나면 '-iendo'로 바꿔 주면 됩니다.

POINT

estar 동사의 변화(복수)

1인칭 estamos[에스따모스] – 2인칭 estáis[에스따이스] – 3인칭 están[에스딴]

후루룩 문장 만들기

우리는 TV를 보고 있습니다. 학습 Check ☐☐

주어	동사 1	동사 2	목적어(명사)
노소뜨로스 Nosotros 우리는	에스따모스 estamos 중입니다	비엔도 viendo 보는	라 뗄레비션 la televisión tv를

Tips! ❶ Estar의 1인칭 복수: estamos[에스따모스]
❷ 현재분사(진행형) 만들기: –ar 동사 → –ando | –er / –ir 동사 → –iendo
예 ver(보다) → viendo(보고 있는 중)

그들은 케이팝을 부르고 있어. 학습 Check ☐☐

주어	동사 1	동사 2	목적어(명사)
에요스 Ellos 그들은	에스딴 están 중입니다	깐딴도 cantando 노래하는	케이뽑 k-pop 케이팝을

Tips! ❶ Estar의 3인칭 복수: están[에스딴] ❷ 현재분사(진행형) 만들기: –ar 동사 → –ando
예 cantar(노래하다) → cantando(노래하고 있는 중)

메인요리 즐기기

SCAN ME!

빈칸에 알맞은 말을 넣어 보세요.

주어(복수)		estar(중입니다)
1인칭 우리/우리(여자만)	Nosotros/Nosotras [노소뜨로스/노소뜨라스]	1 [에스따모스]
2인칭 너희/너희(여자만)	Vosotros/Vosotras [보소뜨로스/보소뜨라스]	2 [에스따이스]
3인칭 그들/그녀들/당신들	Ellos/Ellas/Ustedes [에요스/에야스/우스떼데스]	3 [에스딴]

우리말과 단어 힌트를 보고 문장을 만들어 봅시다.

4 우리는 스페인어를 배우고 있어요.

Hint! 배우다 aprender[아쁘렌데르]

5 그들은 운전하고 있어요.

Hint! 운전하다 conducir[꼰두시르]

6 우리는 맥주를 마시고 있지 않아요.

Hint! 맥주 cerveza[세르베사] | 마시다 beber[베베르] | 아니다 no[노](항상 동사 앞 위치)

정답은 요리즐기기 정답 163p에서 확인!

메인요리 ❸

8분

에야 에스따 엔 마드리드
Ella está en Madrid

그녀는 마드리드에 있어요.

'Estar(~이다, ~한 상태이다)' 동사는 '~(에) 있다'처럼 사람이나 물건의 위치를 말할 때 꼭 필요한 동사이기도 해요. 보통 'estar+전치사' 형태로 사용하며, 그중 가장 흔한 전치사가 'en(~에)'입니다.

POINT

Estar의 주요 용법 총정리

용법	의미	접속 형태
① 감정/건강/일시적 상태	~이다, ~한 상태이다	estar + 형용사
② 사람/사물/장소의 위치	~(에) 있다	estar + 전치사구
③ 지금 진행 중인 동작	지금 ~하는 중	estar + 현재분사

후루룩 문장 만들기

접시가 찬장에 있나요?

학습 Check ☐☐

주어	동사	전치사	장소
로스 쁠라또스 ¿Los platos 접시들은	에스딴 están 있습니다	엔 en 에	엘 아르마리오 el armario? 찬장

Tips! ❶ Los platos: 3인칭 복수 명사(정관사 los + plato)
❷ Estar의 3인칭 복수: están[에스딴] ❸ 위치 전치사: en(~에)
❹ el: 남성 단수 명사에 붙이는 'the' 역할의 정관사

그녀는 마드리드에 있습니다.

학습 Check ☐☐

주어	동사	전치사	장소
에야 Ella 그녀는	에스따 está 있습니다	엔 en 에	마드리드 Madrid 마드리드

Tips! ❶ Estar의 3인칭 단수: está[에스따]
❷ 장소 앞에 붙이는 정관사: el(남성 단수), la(여성 단수), los(남성 복수), las(여성 복수)
※ 단, 국가 · 도시 · 여기/저기/거기 앞에는 관사를 붙이지 않음.

메인요리 즐기기

SCAN ME!

빈칸에 알맞은 말을 적고, 표를 완성해 보세요.

인칭	주어(단수) estar 변형	주어(복수) estar 변형
1인칭	1 [에스또이]	4 [에스따모스]
2인칭	2 [에스따스]	5 [에스따이스]
3인칭	3 [에스따]	6 [에스딴]

우리말과 단어 힌트를 보고 문장을 만들어 봅시다.

7 공책이 책상에 있어요.

Hint! 공책 el cuaderno[엘 꾸아데르노] | 책상 la mesa[라 메사]

8 저는 바르셀로나에 없습니다.

Hint! 바르셀로나 Barcelona[바르셀로나]

9 에펠탑은 파리에 있어요.

Hint! 에펠탑 La Torre Eiffel[라 또레 이펠] | 파리 París[빠리스]

정답은 요리즐기기 정답 163p에서 확인!

5분 휴식

디저트

학습을 마친 후, 얼마나 이해했는지 다시 한번 체크해 보세요!

	그렇다	보통이다	모르겠다
⋆ "저는 피곤해요"라고 컨디션을 전달할 수 있다.	☐	☐	☐
⋆ 가게는 열려 있다고 전달할 수 있다.	☐	☐	☐
⋆ 그들은 운전하고 있다고 이야기할 수 있다.	☐	☐	☐
⋆ 저는 스페인어를 배우고 있다고 말할 수 있다.	☐	☐	☐
⋆ 그녀는 마드리드에 있다고 전달할 수 있다.	☐	☐	☐
⋆ estar 동사의 인칭 변화를 말할 수 있다.	☐	☐	☐

* 스코어 계산법 :
그렇다=3점, 보통이다=2점, 모르겠다=1점

나의 합계 스코어는 ______ **점**

☑ 셀프진단

» **14점 이상 ★★★**
정말 훌륭합니다! '메인 요리1~3'을 입으로 뱉어 본 후 바로 학습을 종료해 주세요.

» **9~13점 ★★**
거의 다 왔습니다! 약한 부분만 시간에 맞춰 다시 학습한 후 학습을 종료해 주세요.

» **9점 미만 ★**
괜찮아요! 다시 한번 차근차근 '메인 요리1~3'을 학습해 봅시다!

원어민 음성듣기

Día 4

"음악은 아름다워요"

오늘의 후루룩 코스

에피타이저 | 메인요리1~3 | 디저트

Día 4 학습을 모두 마치면

지시대명사, (부)정관사로 상황을
더 디테일하게 말할 수 있어요.

후루룩 학습법

▸ 25분 학습 ◂ + ▸ 5분 휴식 ◂ = "1일 1후루룩 했다!"

1분 워밍업

- **에피타이저** 학습 전 셀프 체크하기

24분 집중

- **메인요리1** 음악은 아름다워요.
- **요리 즐기기** 문장 만들기
- **메인요리2** 너는 새 컴퓨터가 필요해요.
- **요리 즐기기** 문장 만들기
- **메인요리3** 이거 할인되나요?
- **요리 즐기기** 문장 만들기

5분 휴식

- **디저트** 학습 후 다시 한번 셀프 진단하기

에피타이저

1분

학습을 시작하기 전, 내가 얼마나 알고 있는지 셀프 체크를 해 봅시다.

	YES	NO
★ 'el'과 'los'를 알고 있다.	☐	☐
★ 'la'와 'las'를 알고 있다.	☐	☐
★ 'un'와 'unos'를 알고 있고, 설명할 수 있다.	☐	☐
★ 'una'와 'unas'를 알고 있고, 설명할 수 있다.	☐	☐
★ '그 집'이라는 표현을 말할 수 있다.	☐	☐
★ 지시대명사 '이것'이라는 표현을 알고 있다.	☐	☐

☑ 셀프진단

» Yes가 4개 이상일 경우
'메인요리1~3'을 빠르게 확인 후 '메인요리 즐기기'에 도전해 보세요!

» Yes가 4개 이하일 경우
'메인요리1~3'을 집중해서 확인 후 '메인요리 즐기기'에 도전해 보세요!

메인요리 ❶

8분

라 무시까 에스 보니따
La música es bonita.
음악은 아름다워요.

스페인어의 정관사 'el, la, los, las'는 영어의 'the'처럼 이미 알고 있거나 특정한 대상을 가리킬 때 사용한답니다. 이 정관사는 명사 앞에 위치해 명사의 성별(남성/여성)과 수(단수/복수)에 따라 달라지기 때문에 주의가 필요해요.

POINT
정관사 종류 및 특징

정관사	단수	복수	특징
남성	el [엘]	los [로스]	1. 셀 수 있는 명사와 셀 수 없는 명사 모두 사용 가능 2. 항상 명사 앞에 위치 3. 명사의 성(남성/여성)과 수(단수/복수)에 맞춰야 함
여성	la [라]	las [라스]	

후루룩 문장 만들기

☝ 신발들은 빨간색이에요.
학습 Check ☐☐

정관사	명사	동사	형용사
로스 Los 은	사빠또스 zapatos 신발들	손 son 입니다	로호스 rojos 빨간색

Tips! ❶ zapatos(신발들): 3인칭 남성 복수 명사이므로 정관사 los 사용
※ 보통 명사 끝이 -o면 남성, -a면 여성(예외도 있음)
❷ son(~이다): ser의 3인칭 복수 ❸ rojos(빨간색): 형용사 rojo의 남성 복수(주어와 성/수 일치)

✌ 병은 찬장에 있어요.
학습 Check ☐☐

정관사	명사	동사	전치사	정관사	장소
라 La 은	보떼야 botella 병	에스따 está 있습니다	엔 en 에	엘 el (은)	아르마리오 armario 찬장

Tips! ❶ botella(병): 3인칭 여성 단수 명사이므로 정관사 la 사용
❷ armario(찬장): 남성 단수 명사이므로 정관사 el 사용 ❸ Estar의 3인칭 단수: está[에스따]
❹ en(~에): 위치 전치사

메인요리 즐기기

SCAN ME!

다음 불규칙 동사 표와 단어 힌트를 참고하여 작문해 보세요.

불규칙동사	주어(단수)			주어(복수)		
	1인칭	2인칭	3인칭	1인칭	2인칭	3인칭
Hacer [아세르] 하다/만들다	Hago [아고]	Haces [아세스]	Hace [아세]	Hacemos [아세모스]	Hacéis [아세이스]	Hacen [아센]
Jugar [후가르] 놀다	Juego [후에고]	Juegas [후에가스]	Juega [후에가]	Jugamos [후가모스]	Jugáis [후가이스]	Juegan [후에간]
Leer [레에르] 읽다	Leo [레오]	Lees [레에스]	Lee [레에]	Leemos [레에모스]	Leéis [레에이스]	Leen [레엔]

1. 아이들은 공원에서 놀아요.

   Hint! (남자)아이 niño[니뇨](남성 단수) ※(여자)아이 niña[니냐](여성 단수) | 공원 parque[빠르께]

2. 음악은 아름답습니다.

   Hint! 음악 música[무시까](여성 단수) | 아름답다 bonita[보니따]

3. 저는 신문에서 뉴스를 읽습니다.

   Hint! 뉴스 noticias[노띠시아스](여성 복수) | 신문 periódico[뻬리오디꼬](남성 단수)

4. 너는 숙제를 합니다.

   Hint! 숙제 tarea[따레아](여성 단수)

정답은 요리즐기기 정답 163p에서 확인!

메인요리 ❷

8분

뚜 네세시따스 운 오르데나도르 누에보

Tú necesitas un ordenador nuevo.

너는 새 컴퓨터가 필요해요.

스페인어의 부정관사 'un, una, unos, unas'는 영어의 'a, an, some'처럼 불특정한 사람이나 사물을 말할 때 사용하며, 보통 '어떤 ~', '하나의 ~', 또는 '몇몇 ~'이라는 의미를 지니고 있습니다.

POINT **부정관사 종류 및 특징**

부정관사	단수	복수	부정관사 특징
남성	un [운]	unos [우노스]	1. 셀 수 있는 명사에만 사용 가능 2. 명사 또는 명사+형용사 앞에 위치 3. 명사의 성별과 수에 맞춰야 함
여성	una [우나]	unas [우나스]	

후루룩 문장 만들기

너는 새 컴퓨터가 필요해요. 학습 Check ☐☐

주어	동사	부정관사	명사	형용사
뚜	네세시따스	운	오르데나도르	누에보
Tú	necesitas	un	ordenador	nuevo
너는	필요하다	(어떤)	컴퓨터	새로운

Tips!
❶ necesitas(필요하다): necesitar의 2인칭 단수
❷ ordenador(컴퓨터): 남성 단수 → 부정관사 un(불특정 대상)
❸ nuevo(새로운): 남성 단수(명사와 성/수 일치)

소년은 스케이트를 원해요. 학습 Check ☐☐

정관사	명사	동사	부정관사	명사
엘	치꼬	끼에레	우노스	빠띠네스
El	chico	quiere	unos	patines
은	소년	원하다	(어떤)	스케이트

Tips!
❶ chico(소년): 3인칭 남성 단수 → 정관사 el
❷ quiere(원하다): querer의 3인칭 단수
❸ patines(스케이트): 남성 복수 → 부정관사 unos(불특정 대상)

메인요리 즐기기

SCAN ME!

다음 불규칙 동사 표와 단어 힌트를 참고하여 작문해 보세요.

불규칙 동사	주어(단수)			주어(복수)		
	1인칭	2인칭	3인칭	1인칭	2인칭	3인칭
Tener [떼네르] 가지고 있다	Tengo [뗀고]	Tienes [띠에네스]	Tiene [띠에네]	Tenemos [떼네모스]	Tenéis [떼네이스]	Tienen [띠에넨]
Ir [이르] 가다	Voy [보이]	Vas [바스]	Va [바]	Vamos [바모스]	Vais [바이스]	Van [반]
Correr [꼬레르] 뛰다, 달리다	Corro [꼬로]	Corres [꼬레스]	Corre [꼬레]	Corremos [꼬레모스]	Corréis [꼬레이스]	Corren [꼬렌]
Hacer [아세르] 하다/만들다	Hago [아고]	Haces [아세스]	Hace [아세]	Hacemos [아세모스]	Hacéis [아세이스]	Hacen [아센]

1 저는 고양이가 있어요.

Hint! 고양이 gato[가또](남성 단수)

2 너는 파티에 가요.

Hint! 파티 fiesta[피에스따](여성 단수)

3 어떤 개들은 거리에서 뛰어다닙니다.

Hint! 개들 perros[뻬로스](남성 복수) | 거리 la calle[라 까예]

4 너희들은 케이크들을 만듭니다.

Hint! 너희들 Vosotros[보소뜨로스] | 케이크들 tartas[따르따스](여성 복수)

정답은 요리즐기기 정답 163p에서 확인!

메인요리 ❸

8분

에스또 띠에네 데스꾸엔또
¿Esto tiene descuento?
이거 할인되나요?

사람이나 사물을 가리킬 때 사용하는 '이/그/저'는 지시 형용사라고 하며, 이 지시 형용사는 '이것/그것/저것, 이 사람/그 사람/저 사람'이라는 뜻의 지시 대명사로도 사용됩니다.

POINT

지시대명사의 변화: 불특정하거나 이름을 모르는 사물은 중성에 해당

지시사	단수형 (남/여)	복수형 (남/여)	중성형 (단수/복수)
이(것) (화자와 가까움)	este/esta [에스떼/에스따]	estos/estas [에스또스/에스따스]	esto/estos [에스또/에스또스]
그(것) (청자와 가까움)	ese/esa [에세/에사]	esos/esas [에소스/에사스]	eso/esos [에소/에소스]
저(것) (모두와 먼 것)	aquel/aquella [아껠/아께야]	aquellos/aquellas [아께요스/아께야스]	aquello/aquellos [아께요/아께요스]

후루룩 문장 만들기

그 집은 아름다워요.

학습 Check ☐☐

지시사	명사	동사	형용사
에사 Esa 그	까사 casa 집은	에스 es 입니다	보니따 bonita 아름다운

Tips! ❶ casa(3인칭 여성 단수): 여성 단수 지시사 esa 사용 ❷ es(~이다): ser의 3인칭 단수
❸ bonita(아름다운): bonito의 여성 단수(casa와 성/수 일치)

이거 할인되나요?

학습 Check ☐☐

지시사	동사	명사
에스또 ¿Esto 이것	띠에네 tiene 가지고 있다	데스꾸엔또 descuento? 할인

Tips! ❶ Esto(이것): 중성형 단수 ※ 불특정하거나 이름을 모르는 사물은 중성에 해당
❷ tiene(가지고 있다): tener의 3인칭 단수 ❸ descuento(할인): 남성 단수 명사
❹ tener + 명사 구조 = tener descuento → 할인을 가지고 있다 → 할인되다

메인요리 즐기기

SCAN ME!

빈칸에 알맞은 말을 넣고, 읽어 봅시다.

지시사	단수형 (남/여)	복수형 (남/여)	중성형 (단수/복수)
이(것) (화자와 가까움)	1 [에스떼/에스따]	4 [에스또스/에스따스]	7 [에스또/에스또스]
그(것) (청자와 가까움)	2 [에세/에사]	5 [에소스/에사스]	8 [에소/에소스]
저(것) (모두와 먼 것)	3 [아껠/아께야]	6 [아께요스/아께야스]	9 [아께요/아께요스]

우리말과 단어 힌트를 보고 문장을 만들어 봅시다.

10 저 웨이터는 요리를 할 줄 몰라요.

Hint! 웨이터 camarero[까마레로](남성 단수) | 요리를 할 줄 알다 saber cocinar[사베르 꼬시나르]

11 그것들은 네 양말들이야?

Hint! 너의 tus[뚜스] | 양말들 calcetines[깔세띠네스](남성 복수)

12 그건 말이 안 돼요.

Hint! 말이 되다 tener sentido[떼네르 센띠도](tener의 3인칭 단수: tiene[띠에네])

정답은 요리즐기기 정답 163p에서 확인!

5분 휴식

디저트

학습을 마친 후, 얼마나 이해했는지 다시 한번 체크해 보세요!

	그렇다	보통이다	모르겠다
"신발은 빨간색이에요"라고 말할 수 있다.	☐	☐	☐
주어가 남성 복수 명사일 때 사용하는 정관사를 안다.	☐	☐	☐
저는 고양이를 키우고 있다고 말할 수 있다.	☐	☐	☐
그 소년은 스케이트를 원한다고 말할 수 있다.	☐	☐	☐
그 집은 아름답다고 전달할 수 있다.	☐	☐	☐
"이거 할인되나요?"라고 질문할 수 있다.	☐	☐	☐

* 스코어 계산법 :
그렇다=3점, 보통이다=2점, 모르겠다=1점

나의 합계 스코어는 ______ 점

셀프진단

» 14점 이상 ★★★
정말 훌륭합니다! '메인 요리1~3'을 입으로 뱉어 본 후 바로 학습을 종료해 주세요.

» 9~13점 ★★
거의 다 왔습니다! 약한 부분만 시간에 맞춰 다시 학습한 후 학습을 종료해 주세요.

» 9점 미만 ★
괜찮아요! 다시 한번 차근차근 '메인 요리1~3'을 학습해 봅시다!

원어민 음성듣기

Día 5

“저는 9월에 마드리드로 가요”

오늘의 후루룩 코스

에피타이저 | 메인요리1~3 | 디저트

Día 5 학습을 모두 마치면

월, 요일 표현으로
일정을 명확하게 말할 수 있어요.

후루룩 학습법

▸ 25분 학습 ◂ + ▸ 5분 휴식 ◂ = "1일 1후루룩 했다!"

1분 워밍업

- **에피타이저** 학습 전 셀프 체크하기

24분 집중

- **메인요리1** 토요일은 그의 생일이에요.
- **요리 즐기기** 문장 만들기
- **메인요리2** 저는 9월에 마드리드로 가요.
- **요리 즐기기** 문장 만들기
- **메인요리3** 회의는 2시부터입니다.
- **요리 즐기기** 문장 만들기

5분 휴식

- **디저트** 학습 후 다시 한번 셀프 진단하기

에피타이저

1분

학습을 시작하기 전, 내가 얼마나 알고 있는지 셀프 체크를 해 봅시다.

	YES	NO
★ '월요일에'라는 표현을 말할 수 있다.	☐	☐
★ '목요일마다'라는 표현을 말할 수 있다.	☐	☐
★ 1월부터 12월까지 스페인어로 말할 수 있다.	☐	☐
★ 월(month) 표현의 성별을 알고 있다.	☐	☐
★ '일요일부터'라는 표현을 알고 있다.	☐	☐
★ '~부터 ~까지'라는 표현을 알고 있다.	☐	☐

☑ 셀프진단

» Yes가 4개 이상일 경우
'메인요리1~3'을 빠르게 확인 후 '메인요리 즐기기'에 도전해 보세요!

» Yes가 4개 이하일 경우
'메인요리1~3'을 집중해서 확인 후 '메인요리 즐기기'에 도전해 보세요!

메인요리 ❶

8분

엘 사바도 에스 수 꿈쁠레아뇨스
El sábado es su cumpleaños.

토요일은 그의 생일이에요.

항상 소문자로 쓰는 요일은, 정관사 없이도 쓸 수 있고 'el(~에)'이나 'los(~마다)' 등과 함께 사용할 수 있어요. 'el'을 쓰면 '이번 ~요일에'처럼 특정 요일을 가리키고, 'los'를 쓰면 '매주 ~요일, ~요일마다'처럼 반복되는 요일을 의미해요.

POINT

요일 알아보기: 요일 명사는 남성이며, 단수 · 복수 형태는 같음

월요일	화요일	수요일	목요일	금요일	토요일	일요일
lunes [루네스]	martes [마르떼스]	miércoles [미에르꼴레스]	jueves [후에베스]	viernes [비에르네스]	sábado [사바도]	domingo [도민고]

후루룩 문장 만들기

☝ 저는 일요일에 집으로 갈 거예요.

학습 Check ☐☐

주어	동사	정관사	명사	전치사	명사
요	이레	엘	도민고	아	까사
Yo	iré	el	domingo	a	casa
저는	갈 것이다	에	일요일	으로(에)	집

Tips! ❶ iré(갈 것이다): ir(가다)의 1인칭 단수 미래형 ❷ 남성 단수 정관사(el) + 요일: 특정 요일에
❸ 전치사 a(~로) + casa(집): 집으로, 집에

✌ 금요일에는(금요일마다) 수업이 없습니다.

학습 Check ☐☐

정관사	명사	부사	동사	명사
로스	비에르네스	노	아이	끌라세
Los	viernes	no	hay	clase
마다	금요일	아니다	있다	수업

Tips! ❶ 남성 복수 정관사(los) + 요일: 매주 해당 요일에, ~요일마다
❷ hay(있다, 존재하다): haber의 비인칭 현재형 ↔ no hay(없다)

메인요리 즐기기

SCAN ME!

빈칸에 알맞은 말을 넣고, 읽어 봅시다.

월요일	화요일	수요일	목요일
1 [루네스]	2 [마르떼스]	3 [미에르꼴레스]	4 [후에베스]
금요일	**토요일**	**일요일**	
5 [비에르네스]	6 [사바도]	7 [도민고]	

우리말과 단어 힌트를 보고 문장을 만들어 봅시다.

8 내일은 화요일입니다.

Hint! 내일 mañana[마냐나]

9 나는 목요일마다 수영장에 가요.

Hint! 수영장 piscina[삐스시나] | 가다 voy[보이](ir의 1인칭 단수)

10 토요일은 그의 생일이다.

Hint! 그의 su[수] | 생일 cumpleaños[꿈쁠레아뇨스]

정답은 요리즐기기 정답 164p에서 확인!

메인요리 ❷

8분

요 보이 아 마드리드 엔 셉띠엠브레

Yo voy a Madrid en septiembre.

저는 9월에 마드리드로 가요.

스페인어에서 월(month) 표현은 항상 소문자로 쓰고, 숫자가 아니라 글자로 표기하는 것이 일반적이에요. 또한 정관사 없이 사용하며, 보통 전치사 'en(~에)'과 함께 쓴답니다.

POINT

월 표현 알아보기: 월 명사는 성별과 수가 없음

1월	2월	3월	4월	5월	6월
enero [에네로]	febrero [페브레로]	marzo [마르소]	abril [아브릴]	mayo [마요]	junio [후니오]
7월	**8월**	**9월**	**10월**	**11월**	**12월**
julio [훌리오]	agosto [아고스또]	septiembre [셉띠엠브레]	octubre [옥뚜브레]	noviembre [노비엠브레]	diciembre [디시엠브레]

후루룩 문장 만들기

제 생일은 8월이에요. 학습 Check ☐☐

주어	동사	전치사	명사
미 꿈쁠레아뇨스 Mi cumpleaños 제 생일	에스 es 입니다	엔 en 에	아고스또 agosto 8월

Tips! ❶ Mi(나의): 소유 형용사(= my) ❷ cumpleaños(생일): 남성, 단 · 복수 동일
❸ es(~이다): 동사 ser의 3인칭 단수 ❹ 전치사 en(~에) + 월 이름 = ~월에

5월에는 휴일(축제)이 많습니다. 학습 Check ☐☐

전치사	명사	동사	형용사	명사
엔 En 에는	마요 mayo 5월	아이 hay 있습니다	무차스 muchas 많이	피에스따스 fiestas 휴일/축제

Tips! ❶ hay(있다, 존재하다): haber의 비인칭 현재형
❷ muchas(많은): 여성 복수 형용사, 명사 fiestas와 성수 일치

메인요리 즐기기

SCAN ME!

빈칸에 알맞은 말을 넣고, 읽어 봅시다.

1월	2월	3월	4월	5월	6월
1 [에네로]	febrero [페브레로]	marzo [마르소]	2 [아브릴]	mayo [마요]	3 [후니오]
7월	**8월**	**9월**	**10월**	**11월**	**12월**
4 [훌리오]	agosto [아고스또]	5 [셉띠엠브레]	octubre [옥뚜브레]	noviembre [노비엠브레]	6 [디시엠브레]

우리말과 단어 힌트를 보고 문장을 만들어 봅시다.

7 저는 9월에 마드리드로 가요.

Hint! 가다 voy[보이](ir의 1인칭 단수) | ~로 a[아] | 스페인의 수도 마드리드 Madrid[마드리드]

8 우리 어머니의 생신이 7월말이에요.

Hint! 우리 어머니의 de mi madre[데 미 마드레] | 말 a finales de[아 피날레스 데]

9 가게는 10월에 문을 닫습니다.

Hint! 가게 tienda[띠엔다](여성 단수) | (문을) 닫다 cerrar[세라르](cerrar의 3인칭 단수)

정답은 요리즐기기 정답 164p에서 확인!

메인요리 ❸

8분

라 레우니온 에스 데스데 라스 도스
La reunión es desde las dos.

회의는 2시부터입니다.

'desde(~부터)'는 어떤 동작이나 범위의 시작점을, 'hasta(~까지)'는 그 동작이나 범위의 끝점을 나타내며, 시간 · 날짜 · 장소 · 수량 모두에 쓸 수 있어요. '~부터 ~까지'의 구조로 자주 쓰인답니다.

POINT

시간	4월부터 11월까지	데스데 아브릴 아스타 노비엠브레 desde abril hasta noviembre
	아침부터 밤까지	데스데 라 마냐나 아스타 라 노체 desde la mañana hasta la noche
장소	마드리드에서 바르셀로나까지	데스데 마드리드 아스타 바르셀로나 desde Madrid hasta Barcelona
수량 · 순서	1유로부터 100유로까지	데스데 운 에우로 아스타 씨엔 에우로스 desde 1 euro hasta 100 euros
	1과부터 10과까지	데스데 라 렉시온 우노 아스타 라 디에스 desde la lección 1 hasta la 10

후루룩 문장 만들기

일요일부터 공부하겠습니다. 학습 Check ☐☐

주어	동사	전치사	정관사	명사
요 Yo 저는	에스뚜디아레 estudiaré 공부할 것이다	데스데 desde 부터	엘 el (에)	도민고 domingo 일요일

Tips! ❶ estudiaré(공부할 것이다): 동사 estudiar의 1인칭 단수 미래형
❷ desde(~부터): 시간 또는 장소의 시작점 ❸ el + 요일: 특정요일(에)

박물관은 4월부터 11월까지 개관합니다. 학습 Check ☐☐

정관사	명사	동사	전치사	명사	전치사	명사
엘 El 은	무세오 museo 박물관	아브레 abre 열다	데스데 desde 부터	아브릴 abril 4월	아스따 hasta 까지	노비엠브레 noviembre 11월

Tips! ❶ El museo(박물관): 남성형 단수 명사(3인칭 주어) ❷ abre(열다): abrir의 3인칭 단수
❸ desde ~ hasta ~: ~부터 ~까지(시간, 날짜, 장소 모두 가능)

메인요리 즐기기

SCAN ME!

빈칸에 알맞은 말을 넣고, 읽어 봅시다.

1	4월부터 11월까지	(　　　) abril [아브릴] (　　　) noviembre [노비엠브레]
2	마드리드에서 바르셀로나까지	(　　　) Madrid [마드리드] (　　　) Barcelona [바르셀로나]
3	1유로부터 100유로까지	(　　　) 1 euro [운 에우로] (　　　) 100 euros [씨엔 에우로스]
4	1과부터 10과까지	(　　　) la lección 1 [라 렉시온 우노] (　　　) la 10 [라 디에스]

우리말과 단어 힌트를 보고 문장을 만들어 봅시다.

5 행사는 금요일부터 일요일까지이다.

Hint! 행사 evento[에벤또](남성 단수)

6 회의는 2시부터입니다.

Hint! 회의 la reunión[라 레우니언] | 2시 las dos[라스 도스]

7 수업은 이번 주말까지인가요?

Hint! 수업 la clase[라 끌라세] | (이번) 주말 el fin de semana[엘 핀 데 세마나]

정답은 요리즐기기 정답 164p에서 확인!

5분 휴식

디저트

학습을 마친 후, 얼마나 이해했는지 다시 한번 체크해 보세요!

	그렇다	보통이다	모르겠다
토요일은 그의 생일이라고 전할 수 있다.	☐	☐	☐
저는 목요일마다 수영장에 간다고 전할 수 있다.	☐	☐	☐
제 생일은 8월이라고 전달할 수 있다.	☐	☐	☐
저는 9월에 마드리드로 간다고 전달할 수 있다.	☐	☐	☐
회의는 2시부터라고 말할 수 있다.	☐	☐	☐
회의는 2시까지라고 말할 수 있다.	☐	☐	☐

* 스코어 계산법 :
그렇다=3점, 보통이다=2점, 모르겠다=1점

나의 합계 스코어는 ______ 점

셀프진단

» **14점 이상 ★★★**
정말 훌륭합니다! '메인 요리1~3'을 입으로 뱉어 본 후 바로 학습을 종료해 주세요.

» **9~13점 ★★**
거의 다 왔습니다! 약한 부분만 시간에 맞춰 다시 학습한 후 학습을 종료해 주세요.

» **9점 미만 ★**
괜찮아요! 다시 한번 차근차근 '메인 요리1~3'을 학습해 봅시다!

원어민 음성듣기

Día 6

“저는 20살이에요.”

오늘의 후루룩 코스

에피타이저

메인요리1~3

디저트

Día 6 학습을 모두 마치면

기수, 서수 등의 숫자 표현으로 수량, 나이, 순서 등을 말할 수 있어요.

후루룩 학습법

▸ 25분 학습 ◂ + ▸ 5분 휴식 ◂ = "1일 1후루룩 했다!"

1분 워밍업

- **에피타이저** 학습 전 셀프 체크하기

24분 집중

- **메인요리1** 제 집에는 방이 다섯 개 있어요.
- **요리 즐기기** 문장 만들기
- **메인요리2** 저는 4층에 살아요.
- **요리 즐기기** 문장 만들기
- **메인요리3** 저는 30살이에요.
- **요리 즐기기** 문장 만들기

5분 휴식

- **디저트** 학습 후 다시 한번 셀프 진단하기

에피타이저

1분

학습을 시작하기 전, 내가 얼마나 알고 있는지 셀프 체크를 해 봅시다.

	YES	NO
★ 숫자 0~10을 말할 수 있다.	☐	☐
★ Un, Una, Uno 표현을 알고 있다.	☐	☐
★ '첫 번째' 표현을 알고 있다.	☐	☐
★ '5층'이라는 표현을 말할 수 있다.	☐	☐
★ 나의 나이를 말할 수 있다.	☐	☐
★ 오늘 몇 월 며칠인지 말할 수 있다.	☐	☐

☑ 셀프진단

» Yes가 4개 이상일 경우
'메인요리1~3'을 빠르게 확인 후 '메인요리 즐기기'에 도전해 보세요!

» Yes가 4개 이하일 경우
'메인요리1~3'을 집중해서 확인 후 '메인요리 즐기기'에 도전해 보세요!

메인요리 ❶

8분

미 까사 띠에네 신꼬 아비따시오네스

Mi casa tiene cinco habitaciones.

제 집에는 방이 다섯 개 있어요.

스페인어 숫자는 '기수(1, 2, 3…)'와 '서수(첫째, 둘째…)'가 있어요. 보통 기수는 수량 · 나이 · 날짜 · 가격 등을 말할 때, 서수는 순서 · 순위 · 차례 등을 말하고 싶을 때 사용해요. 먼저 기수부터 알아봅시다.

POINT

숫자 표현

0	1	2	3	4	5	6
cero [세로]	uno [우노]	dos [도스]	tres [뜨레스]	cuatro [꾸아뜨로]	cinco [신꼬]	seis [세이스]
7	**8**	**9**	**10**	**11**	**12**	**13**
siete [시에떼]	ocho [오초]	nueve [누에베]	diez [디에스]	once [온세]	doce [도세]	trece [뜨레세]
14	**15**	**16**	**17**	**18**	**19**	**20**
catorce [까또르세]	quince [낀세]	dieciséis [디에시세이스]	diecisiete [디에시시에떼]	dieciocho [디에시오초]	diecinueve [디에시누에베]	veinte [베인떼]
30	**40**	**50**	**60**	**70**	**80**	**90**
treinta [뜨레인따]	cuarenta [꾸아렌따]	cincuenta [신꾸엔따]	sesenta [세센따]	setenta [세뗀따]	ochenta [오첸따]	noventa [노벤따]

※ 10보다 큰 숫자는 '십의 자리 + y + 일의 자리'로 말해요(11, 12, 13, 14, 15는 제외).
예 31 : treinta y uno[뜨레인따 이 우노]
※ 숫자 1은 남성 명사 앞 Un, 여성 명사 앞 Una, 단독 사용 시 Uno가 됩니다.
※ 또한 16부터 29까지의 숫자에 대해서는 접속사 'y' 대신 문자 'i'를 사용하여 단일 단어로 만들어요.

후루룩 문장 만들기

저는 애완동물 네 마리가 있어요(키워요). 학습 Check ☐☐

주어	동사	기수	명사
요 **Yo** 저는	뗀고 **tengo** 갖고 있다	꾸아뜨로 **cuatro** 네 (마리)	마스꼬따스 **mascotas** 애완동물

Tips! ❶ tengo(가지고 있다): tener의 1인칭 단수 ❷ mascotas(애완동물): 여성 복수 명사
❸ cuatro(네 개, 4): 수량 표현(형용사처럼 명사 앞에서 수식)
※ 스페인어에서는 '~마리, ~개, ~병'과 같은 수량 단위가 없음.

메인요리 즐기기

SCAN ME!

빈칸에 알맞은 말을 넣고, 읽어 봅시다.

0	1	2	3	4	5	6
cero [세로]	uno/un [우노/운]	1 ____ [도스]	tres [뜨레스]	2 ____ [꾸아뜨로]	cinco [신꼬]	seis [세이스]
7	**8**	**9**	**10**	**11**	**12**	**13**
siete [시에떼]	3 ____ [오초]	nueve [누에베]	diez [디에스]	4 ____ [온세]	5 ____ [도세]	6 ____ [뜨레세]
14	**15**	**16**	**17**	**18**	**19**	**20**
7 ____ [까또르세]	8 ____ [낀세]	dieciséis [디에시세이스]	diecisiete [디에시시에떼]	9 ____ [디에시오초]	diecinueve [디에시누에베]	10 ____ [베인떼]

우리말과 단어 힌트를 보고 문장을 만들어 봅시다.

11 책상에 책들이 여덟 권 있어요.

Hint! ~에 En[엔] | 책상 la mesa[라 메사] | 있다 hay[헤이] | 책들 libros[리브로스]

12 제 집에는 방이 다섯 개 있어요.

Hint! 나의 집 Mi casa[미 까사] | 가지고 있다 tiene[띠에네](tener의 3인칭 단수)
방들 habitaciones[아비따씨오네스]

13 음료 가격은 3유로입니다.

Hint! 음료 La bebida[라 베비다] | (값이) ~이다 cuesta[꾸에스따](costar의 3인칭 단수) |
유로(유럽 통화 단위) euros[에우로스]

정답은 요리즐기기 정답 164p에서 확인!

메인요리 ❷

8분

요 비보 엔 라 꾸아르따 쁠란따

Yo vivo en la cuarta planta.

저는 4층에 살아요.

'서수'는 '첫 번째, 두 번째'처럼 순서 · 순위 · 차례 등을 말하고 싶을 때 사용해요. 서수는 명사와 성별, 수의 일치가 필요하며, 대부분 정관사와 함께 사용합니다.

POINT

서수 표현

1º	primero [쁘리메로]	6º	sexto [섹스또]	11º	decimoprimer(o) [데시모쁘리메로]
2º	segundo [세군도]	7º	séptimo [셉띠모]	12º	decimosegundo [데시모세군도]
3º	tercero [떼르세로]	8º	octavo [옥따보]	13º	decimotercero [데시모떼르세로]
4º	cuarto [꾸아르또]	9º	noveno [노베노]	14º	decimocuarto [데시모꾸아르또]
5º	quinto [낀또]	10º	décimo [데시모]	15º	decimoquinto [데시모낀또]

※ 서수를 숫자로 표현할 때,
남성형: 숫자 + º (예 1º = primero) | 여성형: 숫자 + ª (예 1ª = primera)
※ 대부분의 서수는 남성형이 -o로 끝나며, 여성형으로 바꿀 때는 -o → -a로 교체
※ primer는 남성 단수 명사 앞에 위치하고, primero는 명사 없이 단독 사용 가능

후루룩 문장 만들기

그들은 2위로 끝냈다. 학습 Check ☐☐

주어	동사	정관사	서수
에요스 **Ellos** 그들은	떼르미나론 **terminaron** 끝냈다	로스 **los** 로	세군도스 **segundos** 2위

Tips!
❶ terminaron (끝냈다, 마쳤다): terminar의 과거형
❷ segundos(두 번째): 남성 복수(주어 ellos 복수 일치)
❸ los(로): 남성 복수(서수 segundos와 함께 사용)

메인요리 즐기기

SCAN ME!

빈칸에 알맞은 말을 넣고, 읽어 봅시다.

1º	1 [쁘리메로]	6º	sexto [섹스또]	11º	5 [데시모쁘리메로]
2º	segundo [세군도]	7º	3 [셉띠모]	12º	decimosegundo [데시모세군도]
3º	tercero [떼르세로]	8º	octavo [옥따보]	13º	6 [데시모떼르세로]
4º	2 [꾸아르또]	9º	4 [노베노]	14º	decimocuarto [데시모꾸아르또]
5º	quinto [낀또]	10º	décimo [데시모]	15º	decimoquinto [데시모낀또]

우리말과 단어 힌트를 보고 문장을 만들어 봅시다.

7 11월은 열한 번째 달입니다.

Hint! 11월 Noviembre[노비엠브레] | 11번째 el decimoprimer[엘 데시모쁘리메르] | 달 mes[메스](남성 단수)

8 첫 번째 책은 재미있어요.

Hint! 책 libro[리브로](남성 단수) | 재미있는 divertido[디베르띠도](남성 단수)

9 저는 5층에 살아요.

Hint! 살다 vivo[비보](vivir의 1인칭 단수) | 다섯 번째 la quinta[라 낀따] | 층 planta[쁠란따](여성 단수)

정답은 요리즐기기 정답 164p에서 확인!

메인요리 ❸

8분

요 떤고 뜨레인따 아뇨스
Yo tengo treinta años.
저는 30살이에요.

나이나 날짜를 말할 때도 '기수(숫자)'를 사용해요. 나이를 표현할 때는 'tener(가지고 있다) + 숫자 + años' 구조를, 날짜를 말할 때는 'ser(~이다) + el + 일 + de + 월 + de + 년' 구조를 사용하면 됩니다.

후루룩 문장 만들기

몇 살이에요? 학습 Check ☐☐

부사	명사	동사
꾸안또스 ¿Cuántos 몇	아뇨스 años 살	띠에네스 tienes? 가지고 있나요

Tips! ❶ Cuántos(몇): cuánto의 복수 ❷ años(해, 살): 남성 복수
❸ tienes(가지고 있다): tener의 2인칭 단수

저는 20살이에요. 학습 Check ☐☐

주어	동사	수사	명사
요 Yo 나는	뗀고 tengo 가지고 있어	베인떼 veinte 20	아뇨스 años 살

Tips! ❶ tengo(가지고 있다): tener의 1인칭 단수 ❷ años(해, 살): 남성 복수(항상 복수형 사용)

오늘은 5월 2일입니다. 학습 Check ☐☐

주어	동사	정관사	기수	전치사	명사
오이 Hoy 오늘은	에스 es 입니다	엘 el (은)	도스 2 2일	데 de 의	마요 mayo 5월

Tips! ❶ es(~이다): ser의 3인칭 단수 ❷ de(~의): 월과 연결 ❸ mayo(5월): 항상 소문자 사용

메인요리 즐기기

SCAN ME!

괄호 안에 알맞은 말을 넣고, 읽어 봅시다.

나이 표현(~살이다)	날짜 표현(~년~월~일이다)
1 ( ) + 나이 + años	2 ( ) + el + 일 + de + 월 + de + 년

우리말과 단어 힌트를 보고 문장을 만들어 봅시다.

3 당신의 생일은 언제입니까?

Hint! 언제 cuándo[꾸안도] | 너의 생일 tu cumpleaños[뚜 꿈쁠레아뇨스]

4 내 생일은 4월 1일이에요.

Hint! 내 생일 Mi cumpleaños[미 쿰쁠레아뇨스] | 1일 el uno[엘 우노]

5 네 여동생은 몇 살인가요?

Hint! 네 여동생 tu hermana[뚜 에르마나]

6 내일은 7월 16일이다.

Hint! 내일 mañana[마냐나]

정답은 요리즐기기 정답 164p에서 확인!

5분 휴식

디저트

학습을 마친 후, 얼마나 이해했는지 다시 한번 체크해 보세요!

	그렇다	보통이다	모르겠다
"저는 애완동물 네 마리를 키우고 있어요"라고 말할 수 있다.	☐	☐	☐
음료 가격은 3유로라고 말할 수 있다.	☐	☐	☐
그들은 2위를 했다고 전할 수 있다.	☐	☐	☐
저는 5층에 산다고 소개할 수 있다.	☐	☐	☐
"저는 20살이에요"라고 소개할 수 있다.	☐	☐	☐
상대방의 생일은 언제인지 질문할 수 있다.	☐	☐	☐

* 스코어 계산법 :
그렇다=3점, 보통이다=2점, 모르겠다=1점

나의 합계 스코어는 ________ 점

☑ 셀프진단

» 14점 이상 ★★★
정말 훌륭합니다! '메인 요리1~3'을 입으로 뱉어 본 후 바로 학습을 종료해 주세요.

» 9~13점 ★★
거의 다 왔습니다! 약한 부분만 시간에 맞춰 다시 학습한 후 학습을 종료해 주세요.

» 9점 미만 ★
괜찮아요! 다시 한번 차근차근 '메인 요리1~3'을 학습해 봅시다!

원어민 음성듣기

Día 7

“오늘 뭐해요?”

오늘의 후루룩 코스

에피타이저 · 메인요리1~3 · 디저트

Día 7 학습을 모두 마치면

의문 표현으로 누가, 무엇을, 왜 하는지
다양하게 질문하고 답할 수 있어요.

후루룩 학습법

▸ 25분 학습 ◂ + ▸ 5분 휴식 ◂ = "1일 1후루룩 했다!"

1분 워밍업

- **에피타이저** 학습 전 셀프 체크하기

24분 집중

- **메인요리1** 오늘 뭐해요?
- **요리 즐기기** 문장 만들기
- **메인요리2** 저 남자는 누구예요?
- **요리 즐기기** 문장 만들기
- **메인요리3** 왜 늦게 도착했어요?
- **요리 즐기기** 문장 만들기

5분 휴식

- **디저트** 학습 후 다시 한번 셀프 진단하기

1분

에피타이저

학습을 시작하기 전, 내가 얼마나 알고 있는지 셀프 체크를 해 봅시다.

	YES	NO
★ '무엇'이라는 표현을 알고 있다.	☐	☐
★ '어떤'이라는 표현을 알고 있다.	☐	☐
★ Quién, Quiénes 두 가지 표현의 차이점을 말할 수 있다.	☐	☐
★ '누구'라는 표현을 알고 있다.	☐	☐
★ Por qué와 Porque의 의미를 알고 있다.	☐	☐
★ '어디'라는 표현을 알고 있다.	☐	☐

☑ 셀프진단

» Yes가 4개 이상일 경우
'메인요리1~3'을 빠르게 확인 후 '메인요리 즐기기'에 도전해 보세요!

» Yes가 4개 이하일 경우
'메인요리1~3'을 집중해서 확인 후 '메인요리 즐기기'에 도전해 보세요!

메인요리 ❶

8분

께 아세스 오이
¿Qué haces hoy?

오늘 뭐해요?

'언제, 어디서, 누가, 어떻게, 왜, 얼마' 등에 해당하는 스페인어 의문사에는 반드시 '악센트(띨데)'가 있어야 해요. 악센트가 빠지면 전혀 다른 의미가 되기 때문에 주의가 필요해요.

POINT

의문사 요점 정리1

무엇	어떤(단수)/어떤(복수)
¿Qué? [께]	¿Cuál?/¿Cuáles? [꾸알 / 꾸알레스]

후루룩 문장 만들기

무엇을 먹고 싶어요?

학습 Check ☐☐

의문사	동사	동사
께 ¿Qué 무엇	끼에레스 quieres 원하다	꼬메르 comer? 먹다

Tips! ❶ quieres(원하다): 동사 querer의 2인칭 단수(주어 tú와 인칭/수 일치)
❷ querer + 동사원형: ~하고 싶다 ❸ comer(먹다): 동사 원형

가장 좋아하는 음식이 뭐예요?

학습 Check ☐☐

의문사	동사	(소유) 형용사	명사	형용사
꾸알 ¿Cuál 어느 (것)	에스 es 이다	투 tu 너의	꼬미다 comida 음식	파보리따 favorita? 가장 좋아하는

Tips! ❶ Cuál(어느): 여러 개 중에서 하나를 선택할 때 사용
❷ es(~이다): ser의 3인칭 단수(주어 comida와 인칭/수 일치) ❸ comida: 음식(여성 단수)
❹ favorita(가장 좋아하는): 형용사 favorito의 여성형 단수(comida와 성/수 일치)

메인요리 즐기기

SCAN ME!

빈칸에 알맞은 말을 넣고, 읽어 봅시다.

무엇	어떤(단수)/어떤(복수)
1 [께]	2 [꾸알 / 꾸알레스]

우리말과 단어 힌트를 보고 문장을 만들어 봅시다.

3 오늘 뭐해요?

Hint! 오늘 hoy[오이] | 하다 haces[아세스](hacer의 2인칭 단수)

4 스페인에서 네가 가장 좋아하는 장소는 어디야?

Hint! 장소 lugar[루가르] | 좋아하는 favorito[파보리또](남성 단수) | 스페인 España[에스빠냐]

5 네 취미들은 뭐예요?

Hint! 네 취미들 tus aficiones[뚜스 아피시오네스] | 있다 son[손](동사ser의 3인칭 복수)

6 가장 좋아하는 동물은 뭐예요?

Hint! 동물 animal[아니말](남성 단수) | 가장 좋아하는 favorito[파보리또](남성 단수)

정답은 요리즐기기 정답 165p에서 확인!

메인요리 ❷

8분

끼엔 에스 아껠 옴브레

¿Quién es aquel hombre?

저 남자는 누구예요?

의문사 'Quién'은 '누구'라는 의미로 사람에 대해 물어볼 때 사용하며, 여러 명(복수)일 땐 'Quiénes'로 바뀌어요.

POINT

의문사 요점 정리2

누구(단수)	누구(복수)
¿Quién? [끼엔]	¿Quiénes? [끼에네스]

후루룩 문장 만들기

이 책의 저자는 누구예요?

학습 Check ☐☐

의문사	동사	정관사	명사	전치사	정관사	명사
끼엔	에스	엘	아우또르	데	에스떼	리브로
¿Quién	es	el	autor	de	este	libro?
누구	입니까	는	작가	의	이	책

Tips!
❶ Quién(누구): 1,2,3인칭에 모두 사용
❷ es(~이다): ser의 3인칭 단수(주어 autor와 성/수 일치)
❸ el(는): 남성 단수(주어 autor와 성/수 일치)
❹ este(이): 지시 형용사 남성 단수(주어 autor와 성/수 일치)

(너희들 중에) 자원봉사자는 누구인가요?

학습 Check ☐☐

의문사	동사	정관사	명사
끼에네스	소이스	로스	볼룬따리오스
¿Quiénes	sois	los	voluntarios?
누구	입니까	(는)	자원봉사자

Tips!
❶ Quiénes(누구들): 2인 이상의 사람들을 묻는 의문사 복수형
❷ sois(너희는): ser의 2인칭 복수(주어 vosotros와 성/수 일치)
❸ los (는): 남성 복수(vosotros와 성수 일치)

메인요리 즐기기

SCAN ME!

빈칸에 알맞은 말을 넣고, 읽어 봅시다.

누구(단수)	누구(복수)
1 [끼엔]	2 [끼에네스]

우리말과 단어 힌트를 보고 문장을 만들어 봅시다.

3 (남자) 주인공은 누구인가요?

Hint! (남자) 주인공 el protagonista[엘 쁘로따고니스따] ※ (여자) 주인공 la protagonista[라 쁘로따고니스따]

4 저 남자는 누구예요?

Hint! 저 aquel[아껠](남성 단수) | 남자 hombre[옴브레](남성 단수)

5 누가 커피를 원하나요?

Hint! quiere[끼에레](querer의 3인칭 단수) | 커피 café[까페](남성 단수)

6 너의 동료들은 누구예요?

Hint! ~이다 son[손](ser의 3인칭 복수) | 너의 동료들 tus compañeros[뚜스 꼼빠녜로스]

정답은 요리즐기기 정답 165p에서 확인!

메인요리 ❸

8분

뽀르 께 예가스 따르데

¿Por qué llegas tarde?

왜 늦게 도착했어요?

'Por qué'는 '왜?'라는 의미의 의문 부사구로, 이유를 물을 때 사용합니다. Porque는 '왜냐하면'이라는 접속사로, 이유를 설명할 때 사용합니다. 두 표현은 헷갈리기 쉬우니 주의가 필요해요.

POINT 의문사 요점 정리3

왜	왜냐하면
¿Por qué? [뽀르 께]	Porqué [뽀르께]

후루룩 문장 만들기

☝ (너는) 왜 늦게 도착했어요? 학습 Check ☐☐

의문사	동사	부사
뽀르 께 ¿Por qué 왜	예가스 llegas 도착하다	따르데 tarde? 늦게

Tips! ❶ llegas(도착하다): llegar의 2인칭 단수(주어 tú와 인칭/수 일치)

✌ 왜냐하면 차들이 많았어요. 학습 Check ☐☐

접속사	동사	형용사	명사
뽀르께 Porque 왜냐하면	아비아 había 있었다	무초스 muchos 많이	꼬체스 coches 차들

Tips! ❶ había(있었다): haber의 미완료 과거형 ❷ coches(차들): 남성 복수(주어 역할)
❸ muchos(많이): 형용사 남성 복수(coches와 성/수 일치)

메인요리 즐기기

SCAN ME!

빈칸에 알맞은 말을 넣고, 읽어 봅시다.

왜	왜냐하면
1 [뽀르 께]	2 [뽀르께]

우리말과 단어 힌트를 보고 문장을 만들어 봅시다.

3 왜 스페인어를 배우나요?

Hint! 배우다 aprendes[아프렌데스](aprender의 2인칭 단수)

4 왜냐하면 스페인에 여행 가고 싶거든요.

Hint! 나는 ~하고 싶다 quiero[끼에로] | 여행하다 viajar[비아하르](querer의 1인칭 단수) | ~로, ~에 a[아]

5 (너는) 파티에 왜 안 가나요?

Hint! 가다 vas[바스](ir의 2인칭 단수) | ~로, ~에 a[아] | 파티 la fiesta[피에스따](여성 단수)

6 (그는) 왜 피곤해요?

Hint! ~한 상태이다 está[에스타](estar의 3인칭 단수) | 피곤한 cansado[깐사도]

정답은 요리즐기기 정답 165p에서 확인!

5분 휴식

디저트

학습을 마친 후, 얼마나 이해했는지 다시 한번 체크해 보세요!

	그렇다	보통이다	모르겠다
★ 무엇을 먹고 싶은지 물어볼 수 있다.	☐	☐	☐
★ 어떤 취미들이 있는지 물어볼 수 있다.	☐	☐	☐
★ 이 책의 저자는 누구인지 물어볼 수 있다.	☐	☐	☐
★ 저 남자는 누구인지 물어볼 수 있다.	☐	☐	☐
★ 왜 늦게 도착했는지 이유를 물어볼 수 있다.	☐	☐	☐
★ "차들이 많아서"라고 사유를 전달할 수 있다.	☐	☐	☐

* 스코어 계산법 :
그렇다=3점, 보통이다=2점, 모르겠다=1점

나의 합계 스코어는 ______ 점

☑ 셀프진단

» 14점 이상 ★★★
정말 훌륭합니다! '메인 요리1~3'을 입으로 뱉어 본 후 바로 학습을 종료해 주세요.

» 9~13점 ★★
거의 다 왔습니다! 약한 부분만 시간에 맞춰 다시 학습한 후 학습을 종료해 주세요.

» 9점 미만 ★
괜찮아요! 다시 한번 차근차근 '메인 요리1~3'을 학습해 봅시다!

원어민 음성듣기

Día 8

“지금 몇 시예요?

오늘의 후루룩 코스

- 에피타이저
- 메인요리1~3
- 디저트

Día 8 학습을 모두 마치면

상대방의 일정을 묻고, 나의 일정도
자유롭게 공유할 수 있어요.

후루룩 학습법

▸ 25분 학습 ◂ + ▸ 5분 휴식 ◂ = "1일 1후루룩 했다!"

1분 워밍업

- **에피타이저** 학습 전 셀프 체크하기

24분 집중

- **메인요리1** 오늘 8시에 뭐해요?
- **요리 즐기기** 문장 만들기
- **메인요리2** 9시 30분이에요.
- **요리 즐기기** 문장 만들기
- **메인요리3** 수업은 30분 동안 진행됩니다.
- **요리 즐기기** 문장 만들기

5분 휴식

- **디저트** 학습 후 다시 한번 셀프 진단하기

에피타이저

1분

학습을 시작하기 전, 내가 얼마나 알고 있는지 셀프 체크를 해 봅시다.

	YES	NO
★ 몇 시인지 물어볼 수 있다.	☐	☐
★ 1시, 2시 표현을 알고 있다.	☐	☐
★ 15분과 30분 등 예외적인 시간 표현을 알고 있다.	☐	☐
★ '오전'과 '오후'를 말할 수 있다.	☐	☐
★ '~동안 지속되다'의 표현을 알고 있다.	☐	☐
★ 'durar'가 무슨 의미인지 알고 있다.	☐	☐

☑ 셀프진단

» Yes가 4개 이상일 경우
'메인요리1~3'을 빠르게 확인 후 '메인요리 즐기기'에 도전해 보세요!

» Yes가 4개 이하일 경우
'메인요리1~3'을 집중해서 확인 후 '메인요리 즐기기'에 도전해 보세요!

메인요리 ❶

8분

께 아세스 오이 아 라스 오초

¿Qué haces hoy a las ocho?

오늘 8시에 뭐해요?

'1시예요'처럼 시간 표현을 말할 때는 동사 'ser'를 사용해요. 그리고 'hora(시간)'은 여성 명사로 여성 정관사를, 'minuto(분)'는 남성 명사로 남성 정관사를 사용한답니다. '~시 ~분'처럼 표현할 때는 'y(그리고)' 접속사로 연결시켜 줍니다.

POINT

시간 표현하기

시간 표현	ser(이다) + la/las(여성 정관사) + 숫자
단수(1시)	Es la + 1시 = Es la una(1시예요)
복수(2시 이후)	Son las + 2시 = Son las dos(2시예요)

후루룩 문장 만들기

1시 20분입니다.

동사	정관사	기수	접속사	기수
에스 Es 입니다	라 la (는)	우나 una 1시	이 y 하고	베인떼 veinte 20분

Tips! ❶ es(이다): ser의 3인칭 단수 ❷ la una(1시): 여성 단수 정관사 la 적용
❸ y(그리고): 시와 분을 연결하는 접속사(y+숫자)

오후 4시입니다.

동사	정관사	기수	전치사	정관사	명사
손 Son 입니다	라스 las (는)	꾸아뜨로 cuatro 4시	데 de 의	라 la (는)	따르데 tarde 오후

Tips! ❶ son(이다): ser의 3인칭 복수(2시 이후는 복수 개념)
❷ las cuatro(4시): 여성 복수 정관사 las 적용 ❸ de(~의): 시간대를 연결하는 전치사
❹ la tarde(오후): 여성 단수 명사(la mañana 오전, la noche 밤/저녁)
※ Mañana(아침/내일), Tarde(오후/늦게): 정관사 없이 단독으로 쓰일 때, '내일', '늦게'처럼 중의적 의미를 지님.

메인요리 즐기기

SCAN ME!

빈칸에 알맞은 말을 넣고, 시간 표현을 완성해 보세요.

1시예요	1 ( ) ( ) una. [우나]	7시예요	7 ( ) ( ) siete. [씨에떼]
2시예요	2 ( ) ( ) dos. [도스]	8시예요	8 ( ) ( ) ocho. [오초]
3시예요	3 ( ) ( ) tres. [뜨레스]	9시예요	9 ( ) ( ) nueve. [누에베]
4시예요	4 ( ) ( ) cuatro. [꽈뜨로]	10시예요	10 ( ) ( ) diez. [디에스]
5시예요	5 ( ) ( ) cinco. [싱꼬]	11시예요	11 ( ) ( ) once. [온세]
6시예요	6 ( ) ( ) seis. [세이스]	12시예요	12 ( ) ( ) doce. [도세]

우리말과 단어 힌트를 보고 문장을 만들어 봅시다.

13 수업은 오후 4시에 있어요.

Hint! 수업 la clase[라 끌라세] | 몇 시에 a[아]+시간 | 오후 de la tarde[데 라 따르데]

14 영화는 7시 50분이에요.

Hint! 영화 la película[라 뻴리꿀라] | 몇 시에 a[아]+시간 | 50분 cincuenta[신꾸엔따]

15 (너는) 오늘 8시에 뭐해요?

Hint! 무엇을 Qué[께] | 하다 hace[아세](hacer의 2인칭 단수) | 오늘 hoy[오이]

정답은 요리즐기기 정답 165p에서 확인!

메인요리 ❷

8분

손 라스 누에베 이 메디아 데 라 마냐나
Son las nueve y media de la mañana.

오전 9시 30분이에요.

30분을 '반'이라고 표현하는 것처럼 스페인어에도 시간을 말할 때, 15분, 30분, 45분은 달리 표현할 수 있어요. 15분은 'y cuarto[이 꾸아르또]', 30분은 'y media[이 메디아]', 30분 이후엔 'menos[메노스]'를 사용해서 '몇 시 몇 분 전'처럼 다음 시간을 앞당겨서 말할 수 있어요.

POINT **예외적인 시간 표현 정리**

시간 표현		의미
15분	y cuarto[이 꾸아르또]	'4분의 1' → 15분
30분	y media[이 메디아]	'절반' → 30분
45분	menos cuarto[메노스 꾸아르또]	~시 15분 전

후루룩 문장 만들기

1시 반에 시작합니다.

동사	전치사	정관사	기수	접수사	명사
엠삐에사 Empieza 시작하다	아 a 에	라 la (는)	우나 una 1시	이 y 하고	메디아 media 반

Tips! ❶ Empieza(시작하다): empezar의 3인칭 단수 현재형
❷ 전치사 a(~에): 시간 앞에 꼭 붙는 표현
❸ la una(1시): 1시는 여성 명사이므로 여성 단수형 정관사 la 사용

경기는 몇 시예요?

전치사	대명사	명사	동사	정관사	명사
아 ¿A 에	께 qué 무엇	오라 hora 시간	에스 es 이다	엘 el 는	빠르띠도 partido? 경기

Tips! ❶ ¿A qué hora~? (몇 시에~?): 시간을 묻는 의문 표현
※ 전치사 없이 '¿Qué hora es?'만 사용하면 '지금 몇 시예요?'라는 의미가 됨.
❷ es(이다): ser의 3인칭 단수 현재형 ❸ el partido (스포츠 경기): 남성 명사

메인요리 즐기기

SCAN ME!

빈칸에 알맞은 말을 넣고, 읽어 봅시다.

시간 표현	
15분	1
30분	2
45분	3

우리말과 단어 힌트를 보고 문장을 만들어 봅시다.

4 제 일은 6시 45분에 끝납니다.

Hint! 제 일 mi trabajo[미 뜨라바호] | 끝나다 termina[떼르미나](terminar의 3인칭 단수)

5 극장은 오전 10시 30분에 문을 엽니다.

Hint! 극장 el teatro[엘 떼아뜨로](남성 단수) | (문을) 열다 abre[아브레](abrir의 3인칭 단수) | 오전 de la mañana[데 라 마냐나]

6 저는 오후 6시 15분에 집에 돌아와요.

Hint! 나는 돌아오다 vuelvo[부엘보](volver의 1인칭 단수) | 오후 de la tarde[데 라 따르데]

정답은 요리즐기기 정답 165p에서 확인!

메인요리 ❸

8분

라 끌라세 두라 메디아 오라

La clase dura media hora.

수업은 30분 동안 진행됩니다.

'durar + 시간 표현'은 어떤 일이 얼마나 오래 지속되는지를 나타낼 때 쓰며, '~동안 지속되다' 또는 '~이 걸리다'라는 뜻이에요. 주로 영화, 수업, 여행, 회의처럼 사물이나 일정이 주어로 등장하는 경우가 많습니다. 일상회화에서 매우 자주 사용되는 유용한 표현이에요.

POINT

durar + 시간 표현: (행사 · 영화 · 수업 등이) ~동안 지속되다/걸리다

※ durar[두라르]는 -ar 규칙 동사로 일상에서는 3인칭 단수/복수 형태 'dura[두라], duran[두란]'이 가장 많이 쓰여요.

후루룩 문장 만들기

한 경기는 90분 동안 진행됩니다.

부정관사	명사	동사	기수	명사
운 Un 한	빠르띠도 partido 경기는	두라 dura ~동안 진행되다	노벤따 noventa 90	미누또스 minutos 분

Tips! ❶ Un(하나의, 어떤): 부정관사 남성 단수
❷ dura(지속되다, 걸리다): durar의 3인칭 단수, -ar 규칙 동사

영상 길이는 12분이에요.

정관사	명사	동사	기수	명사
엘 El 은	비데오 vídeo 영상	두라 dura ~동안 진행되다	도세 doce 12	미누또스 minutos 분

Tips! ❶ El(은): 정관사 남성 단수 ❷ dura(지속되다, 걸리다): durar의 3인칭 단수, -ar 규칙 동사

메인요리 즐기기

SCAN ME!

빈칸에 알맞은 말을 넣고, 읽어 봅시다.

한 시간 동안 지속되다/걸리다	1 (　　　　　) una hora [우나 오라]
두 시간 동안 지속되다/걸리다	2 (　　　　　) dos horas [도스 오라스]
30분 동안 지속되다/걸리다	3 (　　　　　) media hora [메디아 오라]
일주일 동안 지속되다/걸리다	4 (　　　　　) una semana [우나 세마나]
3일 동안 지속되다/걸리다	5 (　　　　　) tres días [뜨레스 디아스]

우리말과 단어 힌트를 보고 문장을 만들어 봅시다.

6 회의는 1 시간 반 진행됩니다.

Hint! 회의, 모임 la reunión[라 레우니온] | 1시간 반 una hora y media[우나 오라 이 메디아]

7 (너의) 전공은 4년 걸립니다.

Hint! (너의) 전공 tu carrera[뚜 까레라] | 4년 cuatro años[꾸아뜨로 아뇨스]

8 기차 여행은 45분 걸립니다.

Hint! 여행 el viaje[엘 비아헤] | 기차로 en tren[엔 뜨렌] | 45분 cuarenta y cinco[꾸아렌따 이 신꼬]

정답은 요리즐기기 정답 165p에서 확인!

디저트

5분 휴식

학습을 마친 후, 얼마나 이해했는지 다시 한번 체크해 보세요!

	그렇다	보통이다	모르겠다
"오늘 8시 뭐해요?"라고 일정을 물어볼 수 있다.	☐	☐	☐
수업은 오후 4시라고 정보를 전달할 수 있다.	☐	☐	☐
오전 9시 30분이라고 말할 수 있다.	☐	☐	☐
"저는 오후 6시 15분에 집에 돌아와요"라고 말할 수 있다.	☐	☐	☐
한 경기는 90분 동안 진행된다고 전달할 수 있다.	☐	☐	☐
영상은 12분 동안 진행된다고 말할 수 있다.	☐	☐	☐

* 스코어 계산법 :
그렇다=3점, 보통이다=2점, 모르겠다=1점

나의 합계 스코어는 ________ 점

☑ 셀프진단

» **14점 이상 ★★★**
정말 훌륭합니다! '메인 요리1~3'을 입으로 뱉어 본 후 바로 학습을 종료해 주세요.

» **9~13점 ★★**
거의 다 왔습니다! 약한 부분만 시간에 맞춰 다시 학습한 후 학습을 종료해 주세요.

» **9점 미만 ★**
괜찮아요! 다시 한번 차근차근 '메인 요리1~3'을 학습해 봅시다!

원어민 음성듣기

Día 9

"우리는 축구에 열광해요!"

오늘의 후루룩 코스

에피타이저 · 메인요리1~3 · 디저트

Día 9 학습을 모두 마치면

gusta류의 감정 동사로 무엇을 좋아하는지 등을 표현할 수 있어요.

후루룩 학습법

▸ 25분 학습 ◂ ▸ 5분 휴식 ◂ "1일 1후루룩 했다!"

1분 워밍업

- **에피타이저** 학습 전 셀프 체크하기

24분 집중

- **메인요리1** 그녀는 축구를 좋아해요.
- **요리 즐기기** 문장 만들기
- **메인요리2** 그들은 시간이 부족해요.
- **요리 즐기기** 문장 만들기
- **메인요리3** 그녀는 한국 드라마에 푹 빠졌어요.
- **요리 즐기기** 문장 만들기

5분 휴식

- **디저트** 학습 후 다시 한번 셀프 진단하기

에피타이저

1분

학습을 시작하기 전, 내가 얼마나 알고 있는지 셀프 체크를 해 봅시다.

	YES	NO
★ 동사 gustar의 특징에 대해서 설명할 수 있다.	☐	☐
★ '좋아하다'라는 표현을 알고 있다.	☐	☐
★ '싫어하다'라는 표현을 알고 있다.	☐	☐
★ 감정 동사를 3개 이상 말할 수 있다.	☐	☐
★ "너 따뜻한 차 한잔 마시고 싶어?"라고 물어볼 수 있다.	☐	☐
★ "그는 빠에야를 좋아해요"라고 물어볼 수 있다.	☐	☐

☑ 셀프진단

» Yes가 4개 이상일 경우
'메인요리1~3'을 빠르게 확인 후 '메인요리 즐기기'에 도전해 보세요!

» Yes가 4개 이하일 경우
'메인요리1~3'을 집중해서 확인 후 '메인요리 즐기기'에 도전해 보세요!

메인요리 ❶

8분

레 구스타 엘 푸뜨볼

Le gusta el fútbol.

그녀는 축구를 좋아해요.

'Gustar'는 '좋아하다'라는 뜻의 동사예요. 하지만 스페인어에서는 '내가 ~을 좋아한다'가 아니라, '~이 나를 기쁘게 한다'라는 방식으로 표현해요. 그래서 보통 좋아하는 대상(명사)에 따라 3인칭 단수(gusta) 또는 복수(gustan)로 쓰고, 그 앞에 me, te, le, nos, os, les 같은 간접 목적 대명사를 붙여요.

POINT 간접 목적격 대명사(단수)

인칭(단수)	간접 목적격 대명사
1인칭 나에게	me [메]
2인칭 너에게	te [떼]
3인칭 그/그녀/당신에게	le [레]

후루룩 문장 만들기

그는 빠에야를 좋아해요.

대명사	동사	정관사	주어(명사)
레 **Le** 그에게	구스따 **gusta** 좋아하다	라 **la** (가)	빠에야 **paella.** 빠에야

Tips!
❶ Le(그에게, 그녀에게, 당신에게): 간접 목적 대명사
❷ gusta(기쁘게 하다, 좋아하다): gustar의 3인칭 단수(la paella 여성 단수 명사)
❸ la paella(빠에야): 스페인 요리, 정관사+여성 단수 명사, 좋아하는 대상(주어 역할)

너는 고양이를 좋아해요.

대명사	동사	정관사	주어(명사)
떼 **Te** 너에게	구스딴 **gustan** 좋아하다	로스 **los** (이)	가또스 **gatos.** 고양이들

Tips!
❶ Te(너에게): 간접 목적 대명사
❷ gustan(기쁘게 하다, 좋아하다): gustar 3인칭 복수(주어 los gatos와 수일치)
❸ los gatos(고양이들): 정관사+남성 복수 명사(주어 역할)

메인요리 즐기기

SCAN ME!

빈칸에 알맞은 말을 넣고, 읽어 봅시다.

인칭(단수)	간접 목적격 대명사
1인칭 나에게	1
2인칭 너에게	2
3인칭 그/그녀/당신에게	3

우리말과 단어 힌트를 보고 문장을 만들어 봅시다.

4 저는 감자 튀김을 좋아합니다.

Hint! 감자 튀김(복수) las patatas fritas[라스 빠따따스 프리따스]

5 그녀는 축구를 좋아해요.

Hint! 축구 el fútbol[엘 풋볼]

6 너는 케이팝을 좋아해요.

Hint! 케이팝 el k-pop[엘 께이뽑]

7 그는 스페인어를 좋아해요.

Hint! 스페인어 el español[엘 에스빠뇰]

정답은 요리즐기기 정답 166p에서 확인!

메인요리 ❷

8분

레스 팔따 띠엠뽀
Les falta tiempo.

(그들은) 시간이 부족해요.

'disgustar(싫어하다)', 'apetecer(당기다, ~하고 싶다)'처럼 Gustar류의 다른 감정 동사들도 Gustar와 동일한 문장 구조를 가지게 됩니다.

POINT

간접 목적격 대명사(복수)

인칭(복수)	간접 목적격 대명사
1인칭 우리에게	nos [노스]
2인칭 너희에게	os [오스]
3인칭 그들에게/그녀들에게/당신들에게	les [레스]

후루룩 문장 만들기

☝ 우리는 축구에 열광해요.

대명사	동사	정관사	명사
노스 Nos 우리에게	엔뚜시아스마 entusiasma 열광하게 하다	엘 el 가	풋볼 fútbol 축구

Tips! ❶ Nos(우리에게): 감정의 주체 ❷ entusiasma(열광하게 하다): entusiasmar의 3인칭 단수
❸ el fútbol(축구): 정관사+단수 명사(문장의 주어)

✌ 그들은 기다리는 걸 신경 쓰지 않아요.

부사	대명사	동사 1	동사 2(주어)
노 No 아니다	레스 les 그들에게	임뽀르따 importa 신경쓰이다	에스뻬라르 esperar 기다리는 것이

Tips! ❶ les(그들에게): 감정의 주체 ❷ importa(중요하다, 신경쓰이다): importar의 3인칭 단수
❸ esperar(기다리는 것): 동사 원형, 단수 취급(주어 역할)
※감정 동사+동사 원형(주어 역할) = 어떤 행동에 대한 감정을 나타냄

메인요리 즐기기

SCAN ME!

빈칸에 알맞은 말을 넣고, 읽어 봅시다.

인칭(복수)	간접 목적격 대명사
1인칭 우리에게	1
2인칭 너희에게	2
3인칭 그들에게/그녀들에게/당신들에게	3

우리말과 단어 힌트를 보고 문장을 만들어 봅시다.

4 그들은 시간이 부족해요.

Hint! 부족하다 falta[팔따](faltar의 3인칭 단수) | 시간 tiempo[띠엠뽀]

5 우리 커피 한잔 당겨요.

Hint! 입맛을 당기다/원하다 apetece[아뻬떼세](apetecer의 3인칭 단수) | 커피 한잔 un café[운 까페](부정관사 + 명사, 단수)

6 그들은 여행하는 걸 엄청 좋아해요.

Hint! 매우 좋아하다 encanta[엔깐따](encantar의 3인칭 단수) | 여행하다 viajar[비아하르](동사 원형)

7 우리는 공포영화를 싫어해요.

Hint! 싫다, 불쾌하게 하다 disgustan[디스구스딴](disgustar 3인칭 복수) | 공포영화(복수) las películas de terror[라스 뻴리꿀라스 데 떼로르]

정답은 요리즐기기 정답 166p에서 확인!

메인요리 ❸

8분

아 에야 레 파씨난 로스 께이드라마스
A ella le fascinan los k-dramas.

그녀는 한국 드라마에 푹 빠졌어요.

목적격 대명사를 강조할 때나 목적격 대명사가 누구를 지칭하는지 더 명확하게 전달하고 싶을 때는, 목적격 대명사 앞에 '목적격 대명사의 중복형' 이나 'A + 사람(고유명사)'을 넣어 사용하면 됩니다.

POINT

목적격 대명사 중복형

인칭	의미	목적격 대명사 중복형	간접 목적격 대명사
1인칭 단수	나에게	a mi [아 미]	me [메]
2인칭 단수	너에게	a ti [아 띠]	te [떼]
3인칭 단수	그/그녀/당신에게	a él/a ella/a usted [아 엘/아 에야/아 우스떼드]	le [레]
1인칭 복수	우리에게	a nosotros/a nosotras [아 노소뜨로스/아 노소뜨라스]	nos [노스]
2인칭 복수	너희에게	a vosotros/vosotras [아 보소뜨로스/아 보소뜨라스]	os [오스]
3인칭 복수	그들/그녀들/당신들에게	a ellos/a ellas/a ustedes [아 에요스/아 에야스/아 우스떼데스]	les [레스]

후루룩 문장 만들기

그녀는 한국 드라마에 푹 빠졌어요.

목적격 대명사 중복형	대명사	동사	정관사	명사
아 에야 **A ella** 그녀에게	레 **le** 그녀에게	파씨난 **fascinan** 매료시키다	로스 **los** 이	께이 드라마스 **k-dramas** 한국 드라마들

Tips!
❶ A ella(그녀에게): le가 누구를 지칭하는지 강조
❷ le(그녀에게): 간접 목적 대명사 3인칭 단수
❸ fascinan(매료시키다, 푹 빠지게 하다): fascinar의 3인칭 복수
❹ los K-dramas(한국 드라마들): 정관사+복수 명사(주어)

메인요리 즐기기

SCAN ME!

빈칸에 알맞은 말을 넣고, 읽어 봅시다.

인칭	의미	목적격 대명사 중복형
1인칭 단수	나에게	1
2인칭 단수	너에게	2
3인칭 단수	그/그녀/당신에게	3
1인칭 복수	우리에게	4
2인칭 복수	너희에게	5
3인칭 복수	그들/그녀들/당신들에게	6

우리말과 단어 힌트를 보고 문장을 만들어 봅시다.

7 제 할머니는 책 읽는 걸 아주 좋아해요.

Hint! 나의 할머니 A mi abuela[아 미 아부엘라] | 매우 좋아하다, 푹 빠지다 encanta[엔깐다] (encantar의 3인칭 단수) | 책 읽는 것 leer[레에르](동사 원형)

8 너의 친구들은 연기 때문에 신경이 쓰여요.

Hint! 너의 친구들 A tus amigos[아 투스 아미고스] | 신경 쓰이다, 귀찮게 하다 molesta[몰레스따] (molestar의 3인칭 단수) | 연기 el humo[엘 우모](단수 명사)

9 너 따뜻한 차가 당겨?

Hint! 당기다, 끌리다, ~하고 싶다 apetece[아페떼세](apetecer의 3인칭 단수) | 따뜻한 차 한잔 un té caliente[운 떼 깔리엔떼]

정답은 요리즐기기 정답 166p에서 확인!

5분 휴식

디저트

학습을 마친 후, 얼마나 이해했는지 다시 한번 체크해 보세요!

	그렇다	보통이다	모르겠다
"그는 빠에야를 좋아해요"라고 말할 수 있다.	☐	☐	☐
나는 감자 튀김을 좋아한다고 전달할 수 있다.	☐	☐	☐
우리는 커피 한잔이 당긴다고 전달할 수 있다.	☐	☐	☐
그들은 여행하는 걸 엄청 좋아한다고 말할 수 있다.	☐	☐	☐
그녀는 한국 드라마에 빠졌다고 전달할 수 있다.	☐	☐	☐
Gustar류의 감정 동사의 문장 구조를 설명할 수 있다.	☐	☐	☐

* 스코어 계산법 :
그렇다=3점, 보통이다=2점, 모르겠다=1점

나의 합계 스코어는 ______ 점

☑ 셀프진단

» 14점 이상 ★★★
정말 훌륭합니다! '메인 요리1~3'을 입으로 뱉어 본 후 바로 학습을 종료해 주세요.

» 9~13점 ★★
거의 다 왔습니다! 약한 부분만 시간에 맞춰 다시 학습한 후 학습을 종료해 주세요.

» 9점 미만 ★
괜찮아요! 다시 한번 차근차근 '메인 요리1~3'을 학습해 봅시다!

원어민 음성듣기

Día 10

“제 집은 가까워요”

오늘의 후루룩 코스

- 에피타이저
- 메인요리1~3
- 디저트

Día 10 학습을 모두 마치면

소유사로 소유하고 있는 것들의
특징을 설명할 수 있어요.

후루룩 학습법

▸ 25분 학습 ◂ + ▸ 5분 휴식 ◂ = "1일 1후루룩 했다!"

1분 워밍업

- **에피타이저** 학습 전 셀프 체크하기

24분 집중

- **메인요리1** 제 집은 시골에 있어요.
- **요리 즐기기** 문장 만들기
- **메인요리2** 이것은 내 집이고, 그것은 그의 집입니다.
- **요리 즐기기** 문장 만들기
- **메인요리3** 내 머리는 금발인데 당신 머리는 갈색 머리야.
- **요리 즐기기** 문장 만들기

5분 휴식

- **디저트** 학습 후 다시 한번 셀프 진단하기

1분

에피타이저

학습을 시작하기 전, 내가 얼마나 알고 있는지 셀프 체크를 해 봅시다.

	YES	NO
★ 'mi/tu/su' 표현을 설명할 수 있다.	☐	☐
★ '나의 집'을 스페인어로 말할 수 있다.	☐	☐
★ '우리 고양이들'을 스페인어로 알고 있다.	☐	☐
★ '우리들의, 너희들의' 표현을 스페인어로 알고 있다.	☐	☐
★ '하지만, 그러나, 그런데'에 해당하는 접속사를 알고 있다.	☐	☐
★ 'pero' 표현에 대해 알고 있다.	☐	☐

☑ 셀프진단

» Yes가 4개 이상일 경우
'메인요리1~3'을 빠르게 확인 후 '메인요리 즐기기'에 도전해 보세요!

» Yes가 4개 이하일 경우
'메인요리1~3'을 집중해서 확인 후 '메인요리 즐기기'에 도전해 보세요!

메인요리 ❶

8분

미 까사 에스따 엔 엘 깜뽀

Mi casa está en el campo.

제 집은 시골에 있어요.

소유사란 '어떤 것이 누구의 것인지'를 나타낼 때 사용하는 말로, 명사 앞에 와서 소유자를 알려주는 '전치형 소유사', 명사를 대신해서 사용하거나 관사와 함께 독립적으로 사용하는 '후치형 소유사'가 있어요.

POINT

소유사(단수)

의미	전치형	후치형
1인칭 나의	mi [미]	mío/a [미오 /미아]
2인칭 너의	tu [뚜]	tuyo/a [뚜요/뚜야]
3인칭 그의/그녀의/당신의	su [수]	suyo/a [수요/수야]
예 나의 집	Mi casa [미 까사]	la (casa) mía [라 (까사) 미아]

후루룩 문장 만들기

☝ 그의 아버지는 소방관이다.

전치형	명사	동사	명사
수 Su '의	빠드레 padre 아버지	에스 es 이다	봄베로 bombero 소방관

Tips! ❶ Su(그의/그녀의/당신의): padre 수식(3인칭 소유) ❷ padre(아버지): 남성 단수

✌ 제 집은 가깝습니다.

전치형	명사	동사	부사
미 Mi 나의	까사 casa 집	에스따 está 이다	세르까 cerca 가깝다

Tips! ❶ Mi casa(나의 집): 여성 단수 ❷ está(~에 있다): estar의 3인칭 단수
❸ cerca(가까운 곳에): 부사이므로 전치사 없이 동사 뒤에 바로 위치

메인요리 즐기기

SCAN ME!

빈칸에 알맞은 말을 넣고, 읽어 봅시다.

의미	전치형	후치형
나의	1	4
너의	2	5
그의/그녀의/당신의	3	6

우리말과 단어 힌트를 보고 문장을 만들어 봅시다.

7 제 집은 시골에 있어요.

Hint! 집 casa[까사](여성 단수) | ~있다 está[에스따](estar의 3인칭 단수) | 시골 el campo[엘 깜뽀](남성 단수)

8 너의 차는 빨간색이군요.

Hint! 차 coche[꼬체](남성 단수) | ~이다 es[에스](ser의 3인칭 단수) | 빨간색 rojo[로호](남성 단수, coche와 성/수 일치)

9 그의 자전거는 새것이에요.

Hint! 자전거 bicicleta[비시끌레따](여성 단수) | 새 것이다 es nueva[에스 누에바](3인칭 여성 단수, bicicleta와 성수 일치)

정답은 요리즐기기 정답 166p에서 확인!

메인요리 ❷

8분

에스따 에스 미 까사 이 에사 에스 라 수야

Esta es mi casa y esa es la suya.

이것은 내 집이고, 그것은 그의 집입니다.

전치형 소유사는 명사 앞에 쓰이며, 1 · 2인칭 복수만 성/수 변화를 해요. 후치형 소유사는 명사 뒤 또는 정관사와 함께 쓰이고, 모든 인칭에서 성/수 변화하며 '~의 것'을 나타낼 때 사용돼요.

POINT

소유사(복수)

의미	전치형(~의)	후치형(~의 것)
1인칭 우리들의	nuestro/a [누에스뜨로/누에스뜨라]	nuestro/a [누에스뜨로/누에스뜨라]
2인칭 너희들의	vuestro/a [부에스뜨로/부에스뜨라]	vuestro/a [부에스뜨로/부에스뜨라]
3인칭 그들의/그녀들의/당신들의	su [수]	suyo/a [수요/수야]

후루룩 문장 만들기

☝ 너희들의 것을 사용해도 될까요?

동사 1	동사2	정관사	후치형
뿌에도 ¿puedo ~도 될까요?	우사르 usar 사용하다	엘 el 을	부에스뜨로 vuestro? 너희들의 것

Tips! ❶ ¿Puedo(내가 ~할 수 있니?): 1인칭 단수 ❷ usar(사용하다): 동사 원형
❸ el(을): 정관사(남성 단수) ❹ vuestro(너희들의 것): 후치형 소유대명사

✌ 그녀들의 것들이 망가졌어요.

정관사	후치형	동사	형용사
라스 las (이)	수야스 suyas 그녀들의 것들	에스딴 están 이다	로따스 rotas 고장나다

Tips! ❶ Las(이): 정관사(여성 복수) ❷ suyas(그녀/그들의 것들): 여성 복수
❸ están(되어 있다): estar의 3인칭 복수 ❹ rotas(부서진): 여성 복수
※ 후치형 소유대명사: 명사를 대신하여 사용하거나, 관사와 함께 독립적으로 사용됨.

메인요리 즐기기

SCAN ME!

빈칸에 알맞은 말을 넣고, 읽어 봅시다.

의미	전치형	후치형
우리들의	1	4
너희들의	2	5
그들의/그녀들의/당신들의	3	6

우리말과 단어 힌트를 보고 문장을 만들어 봅시다.

7 이것들은 저희의 강아지들입니다.

Hint! 이것들 estos[에스또스] | ~이다 son[손](ser의 3인칭 복수) | 개들 perros[빼로스](남성 복수)

8 이것들은 우리 의자들이고, 저것들은 그들의 것이에요.

Hint! 이것들은 estas[에스타스](여성 복수) | 의자들 sillas[씨야스](여성 복수) | 그리고 y[이] | 저것들 aquellas[아께야스](여성 복수) | 그녀/그들의 것들 suyas[수야스]

9 우리 고양이들은 자요.

Hint! 우리의 Nuestros[누에스트로스](남성 복수) | 고양이들 gatos[가또스](남성 복수) | ~한 상태이다 están[에스딴](3인칭 복수) | 잠든 dormidos[도르미도스](남성 복수, gatos와 성/수 일치)

10 우리 부모님은 집에 계세요.

Hint! 우리의 Nuestros[누에스트로스](남성 복수) | 부모님들 padres[빠드레스] | (~에) 계시다 están[에스딴](3인칭 복수) | 집에 en casa[엔 까사](여성 단수)

정답은 요리즐기기 정답 166p에서 확인!

메인요리 ❸

8분

미 뺄로 에스 루비오 뻬로 엘 뚜요
Mi pelo es rubio pero el tuyo
에스 모레노
es moreno.

내 머리는 금발인데 너의 것은 갈색 머리야.

스페인어에서 'pero[빼로]'는 아주 자주 쓰이는 접속사로, 한국어의 '하지만, 그러나, 그런데'에 해당하며 앞 문장의 내용과 반대되는 정보를 이어줄 때 사용해요.

후루룩 문장 만들기

☝ 그의 책은 무겁지만 제 것은 가벼워요.

전치형	명사	동사	형용사	접속사
수 **Su** 그의	리브로 **libro** 책	에스 **es** 이다	뻬사도 **pesado** 무거운	뻬로 **pero** 하지만
정관사	**후치형**	**동사**	**형용사**	
엘 **el** 은	미오 **mío** 내 것	에스 **es** 이다	리헤로 **ligero** 가벼운	

Tips! ❶ Libro(책): 남성 단수 ❷ pesado(무거운): 남성 단수(libro와 일치)
❸ el mío(나의 것): 정관사 + 후치 소유사(내 것→libro 대체) ❹ ligero(가벼운): 남성 단수

✌ 너희들의 치마는 길지만 저희의 것은 짧습니다.

전치형	명사	동사	형용사	접속사
부에스뜨라스 **Vuestras** 너희들의	팔다스 **faldas** 치마들	손 **son** 이다	라르가스 **largas** 긴	뻬로 **pero** 하지만
정관사	**후치형**	**동사**	**형용사**	
라스 **las** 은	누에스뜨라스 **nuestras** 우리의 것	손 **son** 이다	꼬르따스 **cortas** 짧은	

Tips! ❶ faldas(치마들): 여성 복수 ❷ son(~이다): ser의 3인칭 복수
❸ las nuestras(우리의 것):정관사+소유사, 여성 복수 ❹ cortas(짧은): 여성 복수

메인요리 즐기기

SCAN ME!

빈칸에 알맞은 말을 넣고, 읽어 봅시다.

대조/반대 연결 표현	구조
A이지만 B이다	1 문장 A + ( ) + 문장 B

우리말과 단어 힌트를 보고 문장을 만들어 봅시다.

2 제 자전거는 새것이지만 그녀의 것은 낡았습니다.

Hint! 자전거 bicicleta[비시끌레따](여성 단수) | 새로운 nueva[누에바](여성 단수, bicicleta와 성/수 일치) | 당신의 것 la suya[라 수야](여성 단수) | 오래된 vieja[비에하](여성 단수)

3 내 머리는 금발인데 너의 것은 갈색이야.

Hint! 머리카락 pelo[뻴로](남성 단수) | 금발의 rubio[루비오](남성 단수) | 너의 것 el tuyo[엘 뚜요](남성 단수) | 갈색의 moreno[모레노](남성 단수)

4 그녀의 방은 더럽지만 그의 것은 깨끗합니다.

Hint! 방 habitación[아비따시온](여성 단수) | ~한 상태이다 está[에스따](estar의 3인칭 단수) | 더러운 sucia[수씨아](여성 단수) | 그의 것 la suya[라 수야](여성 단수) | 깨끗하다 limpia[림삐아]

5 그의 넥타이는 빨간색이지만 제 것은 녹색이에요.

Hint! 넥타이 corbata[꼬르바따](여성 단수) | 빨간색 roja[로하](여성 단수) | 제 것 la mía[라 미아](여성 단수) | 초록색 verde[베르데](불변화형)

정답은 요리즐기기 정답 166p에서 확인!

5분 휴식

디저트

학습을 마친 후, 얼마나 이해했는지 다시 한번 체크해 보세요!

	그렇다	보통이다	모르겠다
★ 저의 집은 시골에 있다고 전달할 수 있다.	☐	☐	☐
★ "그의 자전거는 새것이에요"라고 말할 수 있다.	☐	☐	☐
★ "너희들의 것을 사용해도 될까요?"라고 말할 수 있다.	☐	☐	☐
★ 이것들은 저희 강아지들이라고 말할 수 있다.	☐	☐	☐
★ 'pero'에 대해서 설명할 수 있다.	☐	☐	☐
★ 그의 책은 무겁지만 제 것은 가볍다고 말할 수 있다.	☐	☐	☐

* 스코어 계산법 :
그렇다=3점, 보통이다=2점, 모르겠다=1점

나의 합계 스코어는 ______ 점

☑ 셀프진단

» **14점 이상 ★★★**
정말 훌륭합니다! '메인 요리1~3'을 입으로 뱉어 본 후 바로 학습을 종료해 주세요.

» **9~13점 ★★**
거의 다 왔습니다! 약한 부분만 시간에 맞춰 다시 학습한 후 학습을 종료해 주세요.

» **9점 미만 ★**
괜찮아요! 다시 한번 차근차근 '메인 요리1~3'을 학습해 봅시다!

원어민 음성듣기

Día 11

"또르띠야는 어떻게 만드나요?

오늘의 후루룩 코스

에피타이저 · 메인요리1~3 · 디저트

Día 11 학습을 모두 마치면

다양한 의문사로 방법, 시간, 장소를 물어볼 수 있어요.

후루룩 학습법

▸ 25분 학습 ◂ ▸ 5분 휴식 ◂ "1일 1후루룩 했다!"

1분 워밍업

- **에피타이저** 학습 전 셀프 체크하기

24분 집중

- **메인요리1** 커피는 어떻게 마실래요?
- **요리 즐기기** 문장 만들기
- **메인요리2** 약속은 언제야?
- **요리 즐기기** 문장 만들기
- **메인요리3** 화장실은 어디에 있나요?
- **요리 즐기기** 문장 만들기

5분 휴식

- **디저트** 학습 후 다시 한번 셀프 진단하기

에피타이저

1분

학습을 시작하기 전, 내가 얼마나 알고 있는지 셀프 체크를 해 봅시다.

	YES	NO
★ ‘Cómo’라는 의미를 알고 있다.	☐	☐
★ ‘Cuándo’라는 의미를 알고 있다.	☐	☐
★ ‘Dónde’라는 의미를 알고 있다.	☐	☐
★ ‘또르띠야’를 어떻게 만드는지 물어볼 수 있다.	☐	☐
★ 상대방의 생일이 언제인제 물어볼 수 있다.	☐	☐
★ 상대방이 어디 출신인지 물어볼 수 있다.	☐	☐

☑ 셀프진단

» Yes가 4개 이상일 경우
‘메인요리1~3’을 빠르게 확인 후 ‘메인요리 즐기기’에 도전해 보세요!

» Yes가 4개 이하일 경우
‘메인요리1~3’을 집중해서 확인 후 ‘메인요리 즐기기’에 도전해 보세요!

메인요리 ❶

8분

꼬모 끼에레스 엘 까페

¿Cómo quieres el café ?

(너는) 커피는 어떻게 마실래요?

스페인어에서 'cómo[꼬모]'는 '어떻게, 어떤'이라는 뜻을 가진 의문사입니다. 방법을 묻는 질문이나 사람의 상태를 물을 때 사용되며, 특히 동사 estar와 함께 '¿Cómo estás?(잘 지내?)' 같은 인사 표현으로 자주 쓰입니다.

POINT

의문사 Cómo의 요점 정리

¿Cómo + ser + 주어?	주어의 외모나 성격, 특징을 물을 때
¿Cómo + estar + 주어?	주어의 상태나 안부를 물을 때
¿Cómo + se + 동사?	비인칭 표현으로 '보통 사람들은 어떻게 ~하나요?'라고 물을 때 (영어로 'How do you~?'에 해당)

후루룩 문장 만들기

너의 집은 어떤가요?

의문사	동사	대명사	명사
꼬모 ¿Cómo 어떤	에스 es 이다	뚜 tu 너의	까사 casa? 집

Tips! ❶ es(~이다): ser의 3인칭 단수 ❷ tu casa(너의 집): 소유 형용사 + 명사(문장에서 주어)

식당에 어떻게 가나요?

의문사	대명사	동사	정관사	명사
꼬모 ¿Cómo 어떻게	세 se 하나요	바 va 가다	알 al 으로	레스따우란떼 restaurante? 식당

Tips! ❶ se(~하나요?): 재귀 대명사, 여기에서는 비인칭 표현(특별한 주어 없이 '사람들은~한다'와 같이 일반적인 동작을 말할 때 사용)
❷ va(가다): ir의 3인칭 단수 ❸ al(~으로): '~로'(a) + 'the'(el)→ al('그 ~로')로 축약
※ 비인칭이 아니라 '너는 식당에 어떻게 가?'처럼 주어가 명확할 때는 'se'가 필요없어요. '¿Cómo vas al restaurante?'라고 질문하면 됩니다.

메인요리 즐기기

SCAN ME!

괄호 안에 알맞은 말을 넣고, 읽어 봅시다.

1 ~은 어때요? ¿( ) + ser + 주어?

2 ~은 잘 지내나요? ¿( ) + estar + 주어?

3 보통 사람들은 어떻게 ~하나요? ¿( ) + se + 동사?

우리말과 단어 힌트를 보고 문장을 만들어 봅시다.

4 영화는 어때요?

Hint! 영화 la película[라 뻴리꿀라]

5 너희 어머니는 어떻게 지내셔?

Hint! ~이다, 계시다 está[에스따](estar의 3인칭 단수) | 너의 어머니 tu madre[뚜 마드레]

6 또르띠야는 어떻게 만드나요?

Hint! 만들다 hace[아쎄](hacer의 3인칭 단수) | 또르띠야 la tortilla[라 또르띠야]

7 (너는) 커피는 어떻게 원해요(마실래요)?

Hint! 원하다 quieres[끼에레스](querer의 2인칭 단수) | 커피 el café[엘 까페] | 가다 vas[바스](ir의 2인칭 단수) | 사무실로 a la oficina[아 라 오피시나]

정답은 요리즐기기 정답 167p에서 확인!

메인요리 ❷

8분

꾸안도 에스 라 시따

¿Cuándo es la cita?

약속은 언제야?

'Cuándo[꾸안도]'는 스페인어에서 '언제'라는 의미로, 시간이나 날짜를 물을 때 사용하는 의문사예요.

POINT

전치사 + Cuándo 용법 정리

의미	표현
언제부터	desde cuándo [데스데 꾸안도]
언제까지	hasta cuándo [아스따 꾸안도]
언제까지(기한)	para cuándo [빠라 꾸안도]
언제의(것)	de cuándo [데 꾸안도]

후루룩 문장 만들기

☝ 너의 생일은 언제입니까?

의문사	동사	소유 형용사	명사
꾸안도 ¿Cuándo 언제	에스 es 이다	뚜 tu 너의	꿈쁠레아뇨스 cumpleaños? 생일

Tips! ❶ es(~이다): ser의 3인칭 단수 ❷ tu(너의): 소유 형용사(명사 수식)

✌ (너는) 언제부터 스페인어를 배웠나요?

전치사	의문사	동사	명사
데스데 ¿Desde 부터	꾸안도 cuándo 언제	아쁘렌데스 aprendes 배우다	에스빠뇰 español? 스페인어

Tips! ❶ Desde cuándo(언제부터): 전치사+의문사 ❷ aprendes(배우다): aprender의 2인칭 단수

메인요리 즐기기

SCAN ME!

빈칸에 알맞은 말을 넣고, 읽어 봅시다.

의미	표현
언제부터	1 [데스데 꾸안도]
언제까지	2 [아스따 꾸안도]
언제까지(기한)	3 [빠라 꾸안도]
언제의(것)	4 [데 꾸안도]

우리말과 단어 힌트를 보고 문장을 만들어 봅시다.

5 약속은 언제야?

Hint! 약속/예약 la cita[라 씨따]

6 (너희들은) 언제 휴가 가나요?

Hint! 휴가 de vacaciones[데 바까시오네스](여성 복수) | 가다 vais[바이스](ir의 2인칭 복수)

7 너는 공항에 언제 도착해?

Hint! 도착하다 llegas[예가스](llegar의 2인칭 단수) | 공항에 al aeropuerto[알 아에로뿌에르또]

정답은 요리즐기기 정답 167p에서 확인!

메인요리 ❸

8분

돈데 에스따 엘 바뇨
¿Dónde está el baño?

화장실은 어디에 있나요?

'Dónde[돈데]'는 위치나 장소를 물을 때 사용하는 의문사로, '어디?', '어디에?', '어디서?'라는 의미예요.

POINT
전치사 + Dónde 용법 정리

의미	표현	의미	표현
어디로(목적지)	A dónde [아 돈데]	어디에서부터	Desde dónde [데스데 돈데]
어느 방향으로	Hacia dónde [아시아 돈데]	어디까지	Hasta dónde [아스따 돈데]
어디에서(출신)	De dónde [데 돈데]	어느 방향으로(구어체)	Para dónde [빠라 돈데]

후루룩 문장 만들기

화장실은 어디에 있나요?

의문사	동사	정관사	명사
돈데 ¿Dónde 어디	에스따 está 있다	엘 el 은	바뇨 baño? 화장실

Tips! ❶ está(있다): estar의 3인칭 단수

광장은 어느 방향에 있나요?

전치사	의문사	동사	정관사	명사
아시아 ¿Hacia 방향에	돈데 dónde 어느	에스따 está 있다	라 la 은	쁠라사 plaza? 광장

Tips! ❶ Hacia dónde(어느 방향에): 전치사 + dónde ❷ está(있다): estar의 3인칭 단수

메인요리 즐기기

SCAN ME!

빈칸에 알맞은 말을 넣고, 읽어 봅시다.

표현	의미	표현	의미
A dónde	1	Desde dónde	2
Hacia dónde	3	Hasta dónde	4
De dónde	5	Para dónde	6

우리말과 단어 힌트를 보고 문장을 만들어 봅시다.

7 로라는 어디에서 왔나요(어디 출신이야)?

Hint! 어디에서 De dónde[데 돈데](전치사 + dónde) | es(이다): ser의 3인칭 단수 | 로라 Laura [라우라]

8 이 버스는 어느 방향으로 가나요?

Hint! 어느 방향으로 Para dónde[빠라 돈데](전치사 + dónde) | 가다 va[바](ir의 3인칭 단수) | 이 버스 este autobús[에스떼 아우또부스](지시형용사 + 명사)

9 (그들) 기차표들은 어디서 사나요?

Hint! 사다 compran[꼼프란](comprar의 3인칭 복수) | 기차표들 billetes de tren[비예떼스 데 뜨렌](de: '~의' 전치사)

정답은 요리즐기기 정답 167p에서 확인!

5분 휴식

디저트

학습을 마친 후, 얼마나 이해했는지 다시 한번 체크해 보세요!

	그렇다	보통이다	모르겠다
“박물관에 어떻게 가나요?”라고 물어볼 수 있다.	☐	☐	☐
언제부터 스페인어를 배웠는지 물어볼 수 있다.	☐	☐	☐
광장은 어느 방향에 있는지 물어볼 수 있다.	☐	☐	☐
‘Cómo’에 대해 설명할 수 있다.	☐	☐	☐
‘Cuándo’에 대해 설명할 수 있다.	☐	☐	☐
‘Dónde’에 대해 설명할 수 있다.	☐	☐	☐

* 스코어 계산법 :
그렇다=3점, 보통이다=2점, 모르겠다=1점

나의 합계 스코어는 ______ 점

☑ 셀프진단

» 14점 이상 ★★★
정말 훌륭합니다! ‘메인 요리1~3’을 입으로 뱉어 본 후 바로 학습을 종료해 주세요.

» 9~13점 ★★
거의 다 왔습니다! 약한 부분만 시간에 맞춰 다시 학습한 후 학습을 종료해 주세요.

» 9점 미만 ★
괜찮아요! 다시 한번 차근차근 ‘메인 요리1~3’을 학습해 봅시다!

Día 12

"오늘도 어제만큼 비가 많이 오나요?"

원어민 음성듣기

오늘의 후루룩 코스

에피타이저 | 메인요리1~3 | 디저트

Día 12 학습을 모두 마치면

비교 표현으로 객관적인 정보를 전달할 수 있어요.

후루룩 학습법

▸ 25분 학습 ◂ + ▸ 5분 휴식 ◂ = "1일 1후루룩 했다!"

1분 워밍업	에피타이저	학습 전 셀프 체크하기
24분 집중	메인요리1	너는 그 사람보다 더 똑똑해요.
	요리 즐기기	문장 만들기
	메인요리2	아나는 나보다 키가 덜 커요.
	요리 즐기기	문장 만들기
	메인요리3	당신만큼 목말라요.
	요리 즐기기	문장 만들기
5분 휴식	디저트	학습 후 다시 한번 셀프 진단하기

에피타이저

1분

학습을 시작하기 전, 내가 얼마나 알고 있는지 셀프 체크를 해 봅시다.

	YES	NO
★ 'más'라는 표현을 알고 있다.	☐	☐
★ 'menos'라는 표현을 알고 있다.	☐	☐
★ 'tan'이라는 표현을 알고 있다.	☐	☐
★ '너보다 책이 더 많다'라고 말할 수 있다.	☐	☐
★ "이 호텔은 저기보다 덜 비싸요"라고 말할 수 있다.	☐	☐
★ "나는 너만큼 인기 있어요"라고 말할 수 있다.	☐	☐

☑ 셀프진단

» Yes가 4개 이상일 경우

'메인요리1~3'을 빠르게 확인 후 '메인요리 즐기기'에 도전해 보세요!

» Yes가 4개 이하일 경우

'메인요리1~3'을 집중해서 확인 후 '메인요리 즐기기'에 도전해 보세요!

메인요리 ❶

8분

뚜 에레스 마스 리스또 께 엘

Tú eres más listo que él.

너는 그 사람보다 더 똑똑해요.

스페인어의 비교급 표현에는 'más, menos, tan' 세 가지가 대표적으로 사용되며, 각각 '더 ~한', '덜 ~한', '같은 정도로 ~한'이라는 의미를 갖습니다. 그중 'más~que[마스~께]'는 영어의 'more, more~than'에 해당하는 표현으로, 형용사 · 부사 · 명사 · 동사와 함께 사용되어 우위 비교를 나타냅니다.

POINT

más = 더 ~한 (우위 비교)

구조	의미
más + 형용사 + que	~보다 더 ~하다(성질비교)
más + 부사 + que	~보다 더 ~하게(행동 방식 비교)
más + 명사 + que	~보다 더 많은 ~(수량 비교)
동사 + más que	~보다 더 많이 ~하다(동작 빈도/정도 비교)

후루룩 문장 만들기

나는 너보다 책이 더 많다.

주어	동사	비교 부사	명사	접속사	대명사
요 Yo 나는	뗀고 tengo 가지고 있다	마스 más 더	리브로스 libros 책	께 que 보다	뚜 tú 너

Tips! ❶ tengo(가지고 있다): tener의 1인칭 단수 ❷ más+명사+que(~보다 더 많은): 수량 비교

그들은 우리보다 더 많이 공부합니다.

주어	동사	비교 부사	접속사	대명사
에요스 Ellos 그들은	에스뚜디안 estudian 공부한다	마스 más 더	께 que 보다	노소뜨라스 nosotras 우리

Tips! ❶ estudian(공부하다): estudiar의 3인칭 복수
❷ 동사+más que(~보다 더 많이 ~한다): 동작의 정도 비교

메인요리 즐기기

SCAN ME!

괄호 안에 알맞은 말을 넣고, 읽어 봅시다.

1 ~보다 더 ~하다(성질비교)	(　　　) + 형용사 + (　　　)
2 ~보다 더 ~하게(행동 방식 비교)	(　　　) + 부사 + (　　　)
3 ~보다 더 많은 ~(수량 비교)	(　　　) + 명사 + (　　　)
4 ~보다 더 많이 ~하다(동작 빈도/정도 비교)	동사 + (　　　) (　　　)

우리말과 단어 힌트를 보고 문장을 만들어 봅시다.

5 너는 나보다 일을 더 많이 해요.

Hint! 일하다 trabajas[뜨라바하스](trabajar의 2인칭 단수)

6 내 할머니는 네 할아버지보다 더 젊어.

Hint! 나의 할머니 Mi abuela[미 아부엘라] | 너의 할아버지 tu abuelo[뚜 아부엘로] | 젊다 joven[호벤]

7 이 카페가 저 카페보다 더 인기가 많아요.

Hint! 이 카페 Esta cafetería[에스따 까페떼리아] | 저것 aquella[아께야](여성 단수) | ~이다 es[에스](ser의 3인칭 단수) | 인기있다 popular[뽀뿔라르]

8 너는 그 사람보다 더 똑똑해요.

Hint! ~이다 eres[에레스](ser의 2인칭 단수) | 똑똑하다 listo[리스또](2인칭 단수) | 그 él(엘)

정답은 요리즐기기 정답 167p에서 확인!

메인요리 ❷

8분

아나 에스 메노스 알따 께 요

Ana es menos alta que yo.

아나는 나보다 키가 덜 커요.

열위 비교를 나타내는 'menos~que[메노스~께]'는 형용사 · 부사 · 명사 · 동사와 함께 쓰여 '~보다 덜 ~하다'라는 의미를 가집니다.

POINT

menos = 덜 ~한 (열위 비교)

구조	의미
menos + 형용사 + que	~보다 덜 ~하다(성질 비교)
menos + 부사 + que	~보다 덜 ~하게(행동 방식 비교)
menos + 명사 + que	~보다 덜/적은 ~(수량 비교)
동사 + menos que	~보다 덜 ~한다(동작의 빈도/정도 비교)

후루룩 문장 만들기

☝ 그들은 너보다 재능이 적어.

주어	동사	형용사	명사	접속사	대명사
에요스 Ellos 그들은	띠에네 tienen 가지고 있다	메노스 menos 덜	딸렌또 talento 재능을	께 que 보다	뚜 tú 너

Tips! ❶ tienen(가지고 있다): tener의 3인칭 복수
❷ menos~que(~보다 덜~): 비교 부사, 명사 수량 비교

✌ 나는 너희들보다 말을 덜 해.

주어	동사	형용사	접속사	대명사
요 Yo 저	아블로 hablo 말하다	메노스 menos 덜	께 que 보다	보소뜨로스 vosotros 너희들

Tips! ❶ hablo(말하다): hablar의 1인칭 단수
❷ 동사+menos que(~보다 덜 ~한다): 동작의 정도 비교

메인요리 즐기기

SCAN ME!

괄호 안에 알맞은 말을 넣고, 읽어 봅시다.

1 ~보다 덜 ~하다(성질 비교)	( ) + 형용사 + ( )
2 ~보다 덜 ~하게(행동 방식 비교)	( ) + 부사 + ( )
3 ~보다 덜/적은 ~(수량 비교)	( ) + 명사 + ( )
4 ~보다 덜 ~한다(동작의 빈도/정도 비교)	동사 + ( ) ( )

우리말과 단어 힌트를 보고 문장을 만들어 봅시다.

5 너는 나보다 스트레스를 덜 받아요.

Hint! 스트레스를 받다 te estresas[떼 에스뜨레사스](te 재귀대명사)

6 이 호텔은 저 호텔보다 덜 비싸요.

Hint! 이 호텔 Este hotel[에스떼 오뗄] | 비싸다 caro[까로] | 저것 aquel[아껠]

7 그들은 우리보다 덜 먹어요.

Hint! 그들 Ellos[에요스] | 먹는다 comen[꼬멘](comer의 3인칭 복수) | 우리 nosotros[노소뜨로스]

8 아나는 나보다 키가 덜 커요.

Hint! ~이다 es[에스](ser의 3인칭 단수) | 키가 큰 alta[알따](여성 단수)

정답은 요리즐기기 정답 167p에서 확인!

메인요리 ❸

8분

떼고 딴따 셀 꼬모 뚜
Tengo tanta sed como tú.

(저는) 당신만큼 목말라요.

성질이나 동작의 비슷한 정도를 비교할 때 사용하는 'tan~como[딴~꼬모]'는 형용사나 부사와 함께 사용하며, '~만큼~하다'라는 의미를 가져요. 그리고 수량을 비교할 때에는 명사와 함께 사용하며 '~만큼 많은~'이라는 의미가 됩니다. 이때 주의할 것은 비교 대상인 명사의 성과 수에 맞춰 'tanto/a/os/as~como'로 변화해요.

POINT

tan = ~만큼 (동등 비교, 형용사/부사)

구조	의미
tan + 형용사 + como	~만큼 ~하다(성질 비교)
tan + 부사 + como	~만큼 ~하게(행동 방식 비교)
tan + bien / mal + como	~만큼 잘/못하다
tanto/tanta/tantos/tantas + 명사 + como	~만큼 많은 ~(수량 비교)

후루룩 문장 만들기

나는 너만큼 인기 있어요.

주어	동사	부사	형용사	접속사	대명사
요 Yo 나는	소이 soy 이다	딴 tan 만큼	뽀뿔라르 popular 인기 있는	꼬모 como 처럼	뚜 tú 너

Tips! ❶ popular(인기 있는): 비교 대상 형용사 ❷ tan~como(~만큼 ~하다): 형용사 동등 비교

그들은 너만큼(너처럼 많이) 달리나요?

주어	동사	부사	접속사	대명사
에요스 ¿Ellos 그들	꼬렌 corren 달리다	딴또 tanto 만큼	꼬모 como 처럼	뚜 tú? 너

Tips! Corren(달리다): correr의 3인칭 복수 ※ 동작의 양(많이/자주)을 너와 비교하는 질문

메인요리 즐기기

SCAN ME!

괄호 안에 알맞은 말을 넣고, 읽어 봅시다.

1 ~만큼 ~하다(성질 비교)	(　　　　) + 형용사 + (　　　　)
2 ~만큼 ~하게(행동 방식 비교)	(　　　　) + 부사 + (　　　　)
3 ~만큼 잘/못하다	(　　　　) + bien / mal + (　　　　)
4 ~만큼 많은 ~(수량 비교)	(　　)/(　　)/(　　)/(　　) + 명사 + (　　)

우리말과 단어 힌트를 보고 문장을 만들어 봅시다.

5 마리아는 후안만큼 키가 크나요?

Hint! 키가 크다 es alta[에스 알따](여성 3인칭 단수) | 후안 Juan[후안](고유 명사)

6 나는 너만큼 많은 드레스들을 가지고 있어요.

Hint! 가지고 있다 tengo[뗀고](tener의 1인칭 단수) | 드레스들 vestidos[베스띠도스](남성 복수)

7 오늘도 어제만큼 비가 많이 오나요?

Hint! 오늘 hoy[오이] | 어제 ayer[아예르] | 비가 오다 llueve[유에베](llover의 3인칭 단수)

8 (저는) 너만큼 목말라요.

Hint! 가지고 있다 Tengo[뗀고](tener의 1인칭 단수) | 갈증 sed[세드](여성 명사)

정답은 요리즐기기 정답 167p에서 확인!

5분 휴식

디저트

학습을 마친 후, 얼마나 이해했는지 다시 한번 체크해 보세요!

	그렇다	보통이다	모르겠다
'Más~que'의 비교법을 설명할 수 있다.	☐	☐	☐
'menos~que'의 비교법을 설명할 수 있다.	☐	☐	☐
'tan~como'의 비교법을 설명할 수 있다.	☐	☐	☐
이 카페가 저기보다 더 인기가 많다고 말할 수 있다.	☐	☐	☐
나는 너보다 스트레스를 덜 받는다고 전달할 수 있다.	☐	☐	☐
오늘도 어제만큼 비가 많이 오는지 물어볼 수 있다.	☐	☐	☐

* 스코어 계산법 :
그렇다=3점, 보통이다=2점, 모르겠다=1점

나의 합계 스코어는 ______ 점

☑ 셀프진단

» **14점 이상 ★★★**
정말 훌륭합니다! '메인 요리1~3'을 입으로 뱉어 본 후 바로 학습을 종료해 주세요.

» **9~13점 ★★**
거의 다 왔습니다! 약한 부분만 시간에 맞춰 다시 학습한 후 학습을 종료해 주세요.

» **9점 미만 ★**
괜찮아요! 다시 한번 차근차근 '메인 요리1~3'을 학습해 봅시다!

Día 13

"저는 매일 많이 달려요"

원어민 음성듣기

오늘의 후루룩 코스

에피타이저 | 메인요리1~3 | 디저트

Día 13 학습을 모두 마치면

최상급 표현으로 나의 생각이나 감정을
더 강력하고 명확하게 전달할 수 있어요.

후루룩 학습법

▸ 25분 학습 ◂ + ▸ 5분 휴식 ◂ = "1일 1후루룩 했다!"

1분 워밍업

- **에피타이저** 학습 전 셀프 체크하기

24분 집중

- **메인요리1** 그녀는 매우 똑똑해요.
- **요리 즐기기** 문장 만들기
- **메인요리2** 제 차가 최고예요.
- **요리 즐기기** 문장 만들기
- **메인요리3** 김치는 매우 맛있어요.
- **요리 즐기기** 문장 만들기

5분 휴식

- **디저트** 학습 후 다시 한번 셀프 진단하기

에피타이저

1분

학습을 시작하기 전, 내가 얼마나 알고 있는지 셀프 체크를 해 봅시다.

	YES	NO
★ 'muy'라는 표현을 알고 있다.	☐	☐
★ 'mucho'라는 표현을 알고 있다.	☐	☐
★ '가장 좋은', '가장 나쁜'의 표현을 알고 있다.	☐	☐
★ '가장 큰', '가장 작은'의 표현을 알고 있다.	☐	☐
★ 정말 맛있다고 말할 수 있다.	☐	☐
★ 진짜 지루하다고 전달할 수 있다.	☐	☐

☑ 셀프진단

» Yes가 4개 이상일 경우

'메인요리1~3'을 빠르게 확인 후 '메인요리 즐기기'에 도전해 보세요!

» Yes가 4개 이하일 경우

'메인요리1~3'을 집중해서 확인 후 '메인요리 즐기기'에 도전해 보세요!

메인요리 ❶

8분

에야 에스 무이 리스따
Ella es muy lista.

그녀는 매우 똑똑해요.

'Muy[무이]'는 '매우, 아주'라는 의미로 형용사나 부사를 수식할 때 사용하며, 'Mucho[무초]'는 '많이, 많은'이라는 뜻으로 동사, 명사를 수식할 때 사용해요.

POINT

Muy[무이]와 Mucho[무초] 요약

표현	의미	접속	성수 변화
muy [무이]	매우, 아주	muy + 형용사 muy + 부사	없음
mucho [무초]	많이, 많은	mucho + 명사 동사 + mucho	명사를 수식할 때, mucho(s), mucha(s)

후루룩 문장 만들기

너는 매우 친절해요.

주어	동사	부사	형용사
뚜 Tú 너	에레스 eres 이다	무이 muy 매우	아마블레 amable 친절하다

Tips! ❶ eres(~이다): ser의 2인칭 단수 ❷ amable(친절한): 주어 tú의 성질 설명
※ "¿Cómo?(어떻게?)"의 질문에 대한 답변으로 'muy(매우)'를 사용해서 성질 등을 강조할 수 있어요.

저는 일을 많이 해요.

주어	동사	부사
요 Yo 저	뜨라바호 trabajo 일하다	무초 mucho 많이

Tips! ❶ trabajo(일한다): trabajar의 1인칭 단수형
※ "¿Cuánto?(얼마나?)"의질문에 대한 답변으로 'mucho(많이)'를 사용해서 정도 등을 강조할 수 있어요.

메인요리 즐기기

SCAN ME!

빈칸에 알맞은 말을 넣고, 읽어 봅시다.

표현	남성 단수	남성 복수	여성 단수	여성 복수
mucho [무초]	1 [무초]	2 [무초스]	3 [무차]	4 [무차스]

우리말과 단어 힌트를 보고 문장을 만들어 봅시다.

5 그들은 스페인어를 아주 잘 합니다.

Hint! 스페인어 español[에스빠뇰] | 말하다 hablan[아블란](hablar의 3인칭 복수) | 잘 bien[비엔]

6 저는 매일 많이 달려요.

Hint! 매일 todos los días[또도스 로스 디아스] | 달리다 corro[꼬로](correr의 1인칭 단수)

8 너의 친구들은 매우 친절해요.

Hint! 너의 여자 친구들 Tus amigas[뚜스 아미가스](여성 복수) | ~이다 son[손](ser의 3인칭 복수) | 친절한 amables[아마블레스](주어와 성/수일치, 여성 복수)

9 그녀는 매우 똑똑해요.

Hint! 그녀는 Ella[에야](3인칭 단수) | ~이다 es[에스](ser의 3인칭 단수) | 똑똑한 lista[리스따](여성 단수)

정답은 요리즐기기 정답 168p에서 확인!

메인요리 ❷

8분

미 꼬체 에스 엘 메호르

Mi coche es el mejor.

제 차가 최고예요.

비교급 표현 'más, menos'에 정관사를 붙이면 최상급 표현이 돼요. '가장 ~한'은 'el/la/los/las+más+형용사', '가장 덜 ~한'은 'el/la/los/las + menos + 형용사' 구조로 표현할 수 있답니다. 단 'más, menos' 없이 형태가 바뀌는 불규칙한 비교급과 최상급 표현도 있으니 주의가 필요해요.

POINT

규칙 비교급과 최상급

형용사 원형		비교급		최상급	
좋은	bueno [부에노]	더 좋은	mejor que [메호르 께]	가장 좋은	정관사 + mejor [메호르]
나쁜	malo [말로]	더 나쁜	peor que [뻬오르 께]	가장 나쁜	정관사 + peor [뻬오르]

후루룩 문장 만들기

그 운동화(들)은 최악이다.

지시어	명사	동사	정관사	형용사
에사스 Esas 그	사빠띠야스 zapatillas 운동화(들)은	손 son 이다	라스 las (가장)	뻬오레스 peores 최악

Tips! ❶ zapatillas(운동화들): 여성 복수 ❷ Esas(그): 여성 복수
❸ las peores (가장 나쁜, 최악): peor의 복수형, 불규칙 최상급, 여성 복수

그는 가장 잘 생겼습니다.

주어	동사	정관사	부사	형용사
엘 Él 그는	에스 es 이다	엘 el 를	마스 más 가장	구아뽀 guapo 잘 생기다

Tips! ❶ es(~이다): ser의 3인칭 단수
❷ el más guapo(가장 잘생긴): 남성 단수 정관사 + más + 형용사 guapo

메인요리 즐기기

SCAN ME!

빈칸에 알맞은 말을 넣고, 읽어 봅시다.

형용사 원형	비교급	최상급
bueno 좋은 [부에노]	1 ( ) que 더 좋은	2 정관사+( ) 가장 좋은
malo 나쁜 [말로]	3 ( ) que 더 나쁜	4 정관사+( ) 가장 나쁜

우리말과 단어 힌트를 보고 문장을 만들어 봅시다.

5 제 차가 최고입니다.

Hint! 내 차 mi coche[미 꼬체](남성 단수) | 더 좋은, 최고의 el mejor[엘 메호르](bueno의 불규칙 최상급, 남성 단수)

6 그 음료가 가장 덜 달다.

Hint! 그 음료 Esa bebida[에사 베비다](여성 단수) | 가장 덜 단 la menos dulce[라 메노스 둘쎄](여성 단수 일치)

7 그 레스토랑이 최고예요.

Hint! 그 식당(들) Esos restaurantes[에소스 레스따우란떼스](남성 복수) | 가장 좋은 los mejores[로스 메호레스](mejor의 복수, 불규칙 최상급)

정답은 요리즐기기 정답 168p에서 확인!

메인요리 ❸

8분

엘 낌치 에스따 리끼시모

El kimchi está riquísimo.

김치는 매우 맛있어요.

형용사 끝에 '-ísimo/-ísima/-ísimos/-ísimas'를 붙이면, '매우/가장/엄청/대박 ~한'의 뜻을 강조하는 강조형 최상급을 만들 수 있어요. 이 표현은 비교 대상 없이도 절대적인 강조만으로 사용된다는 점이 특징이에요.

POINT 강조형 최상급 '–ísimo(가장~한)'의 예

원형	남성 단수	여성 단수	남성 복수	여성 복수
rico 맛있는 [리꼬]	riquísimo [리끼시모]	riquísima [리끼시마]	riquísimos [리끼시모스]	riquísimas [리끼시마스]
amable 친절한 [아마블레]	amabilísimo [아마빌리시모]	amabilísima [아마빌리시마]	amabilísimos [아마빌리시모스]	amabilísimas [아마빌리시마스]
aburrido 지루한 [아부리도]	aburridísimo [아부리디시모]	aburridísima [아부리디시마]	aburridísimos [아부리디시모스]	aburridísimas [아부리디시마스]
grande 큰 [그란데]	grandísimo [그란디시모]	grandísima [그란디시마]	grandísimos [그란디시모스]	grandísimas [그란디시마스]
largo 긴 [라르고]	larguísimo [라르기시모]	larguísima [라르기시마]	larguísimos [라르기시모스]	larguísimas [라르기시마스]

※rico: c → qu / amable: e 탈락 / largo:g → gu

후루룩 문장 만들기

그 길은 매우 깁니다.

정관사	명사	동사	형용사
에세 Ese 그	까미노 camino 길	에스 es 이다	라르기시모 larguísimo 매우 긴

Tips! ❶ Ese(그): 남성 단수 ❷ camino(길): 남성 단수
❸ larguísimo(매우 긴): largo의 강조형 최상급(남성 단수)

메인요리 즐기기

SCAN ME!

빈칸에 알맞은 말을 넣고, 읽어 봅시다.

원형	남성 단수	여성 단수
rico 맛있는 [리꼬]	1 [리끼시모]	2 [리끼시마]
amable 친절한 [아마블레]	3 [아마빌리시모]	4 [아마빌리시마]
aburrido 지루한 [아부리도]	5 [아부리디시모]	6 [아부리디시마]

우리말과 단어 힌트를 보고 문장을 만들어 봅시다.

7 김치는 매우 맛있어요.

Hint! 김치 el kimchi[엘 낌치](남성 단수) | ~해 있다 está[에스타](estar의 3인칭 단수) | 정말 맛있는 riquísimo[리끼시모]

8 그 영화 진짜 지루해요.

Hint! 그 영화 Esa película[에사 뻴리꿀라](여성 단수) | ~이다 es[에스](ser의 3인칭 단수) | 매우 지루한 aburridísima[아부리디시마]

9 시험은 매우 쉽습니다.

Hint! 시험 El examen[엘 엑사멘](남성 단수) | ~이다 es[에스](ser의 3인칭 단수) | 아주 쉬운 facilísimo[파씨리시모]

정답은 요리즐기기 정답 168p에서 확인!

5분 휴식

디저트

학습을 마친 후, 얼마나 이해했는지 다시 한번 체크해 보세요!

	그렇다	보통이다	모르겠다
‘muy’로 문장을 만들 수 있다.	☐	☐	☐
‘mucho’로 문장을 만들 수 있다.	☐	☐	☐
“제 차가 최고예요”라고 말할 수 있다.	☐	☐	☐
“그 음료가 가장 덜 달아요”라고 전달할 수 있다.	☐	☐	☐
김치가 매우 맛있다고 말할 수 있다.	☐	☐	☐
그 영화 진짜 지루하다고 전달할 수 있다.	☐	☐	☐

* 스코어 계산법 :
그렇다=3점, 보통이다=2점, 모르겠다=1점

나의 합계 스코어는 ______ 점

☑ 셀프진단

» **14점 이상 ★★★**
정말 훌륭합니다! ‘메인 요리1~3’을 입으로 뱉어 본 후 바로 학습을 종료해 주세요.

» **9~13점 ★★**
거의 다 왔습니다! 약한 부분만 시간에 맞춰 다시 학습한 후 학습을 종료해 주세요.

» **9점 미만 ★**
괜찮아요! 다시 한번 차근차근 ‘메인 요리1~3’을 학습해 봅시다!

원어민 음성듣기

Día 14

“저는 8시에 일어나요”

오늘의 후루룩 코스

에피타이저 | 메인요리1~3 | 디저트

Día 14 학습을 모두 마치면

재귀동사와 재귀대명사로 매일의 습관에 대해 묻고 말할 수 있어요.

후루룩 학습법

▸ 25분 학습 ◂ + ▸ 5분 휴식 ◂ = "1일 1후루룩 했다!"

1분 워밍업

에피타이저	학습 전 셀프 체크하기

24분 집중

메인요리1	저는 8시에 일어나요.
요리 즐기기	문장 만들기
메인요리2	우리는 후회하지 않습니다.
요리 즐기기	문장 만들기
메인요리3	빵을 팝니다.
요리 즐기기	문장 만들기

5분 휴식

디저트	학습 후 다시 한번 셀프 진단하기

에피타이저

1분

학습을 시작하기 전, 내가 얼마나 알고 있는지 셀프 체크를 해 봅시다.

	YES	NO
★ 스페인어의 재귀동사의 특징을 알고 있다.	☐	☐
★ 스페인어 재귀동사를 3가지 이상 말할 수 있다.	☐	☐
★ 나는 8시에 일어난다고 전달할 수 있다.	☐	☐
★ 우리는 매일 포옹한다고 습관을 말할 수 있다.	☐	☐
★ '팔다'라는 동사를 스페인어로 알고 있다.	☐	☐
★ "차는 어디에서 빌리나요?"라고 물어볼 수 있다.	☐	☐

☑ 셀프진단

» Yes가 4개 이상일 경우
'메인요리1~3'을 빠르게 확인 후 '메인요리 즐기기'에 도전해 보세요!

» Yes가 4개 이하일 경우
'메인요리1~3'을 집중해서 확인 후 '메인요리 즐기기'에 도전해 보세요!

메인요리 ❶

8분

요 메 레반또 아 라스 오초

Yo me levanto a las 8am.

저는 8시에 일어나요.

스페인어의 재귀 대명사는 '나는 (나 자신을) 씻어요'처럼 주어가 자기 자신에게 어떤 행동을 할 때 사용하며, 주어의 인칭과 수에 따라 'me, te, se, nos, os, se'로 변화해요. 또한 재귀 동사도 행동이 주어 자신에게 돌아오는 동사를 말해요. 문장 구조는 '주어 + 재귀 대명사 + 동사'가 됩니다.

POINT

재귀대명사 단수형

인칭	재귀대명사	예 levantar (일어나다)
1인칭 나 자신을	me [메]	me levanto [메 레반또]
2인칭 너 자신을	te [떼]	te levantas [떼 레반따스]
3인칭 그/그녀/당신 자신을	se [세]	se levanta [세 레반따]

후루룩 문장 만들기

☝ 그녀는 밤에 샤워한다.

주어	대명사	동사	전치사	정관사	명사
에야 Ella 그녀는	세 se 자신을	두차 ducha 씻는다	뽀르 por 에	라 la (은)	노체 noche 밤

Tips! ❶ se(그녀 자신을): 재귀대명사 ❷ ducha(샤워하다): duchar의 3인칭 단수
❸ por(~에, ~동안에): 전치사 ❹ la noche(밤): 정관사+시간명사

✌ 너는 몇 시에 일어나요?

전치사	대명사	명사	대명사	동사
아 ¿A 에	께 qué 무엇	오라 hora 시간	떼 te 너 자신을	레반따스 levantas? 일으켜요?

Tips! ❶ A qué hora(몇 시에): 전치사 + 의문사 + 시간 명사
❷ te(너 자신을): 재귀대명사(주어 tú에 해당) ❸ levantas(일으키다): levantar의 2인칭 단수

메인요리 즐기기

SCAN ME!

빈칸에 알맞은 말을 넣고, 읽어 봅시다.

인칭	재귀 대명사
1인칭 나 자신을	1
2인칭 너 자신을	2
3인칭 그/그녀/당신 자신을	3

우리말과 단어 힌트를 보고 문장을 만들어 봅시다.

4 소녀는 머리를 빗습니다.

Hint! 소녀 La niña[라 니냐] | 빗질하다 peina[뻬이나](peinar의 3인칭 단수) | 머리카락 el pelo[엘 뻴로](정관사 + 명사)

5 저는 8시에 일어나요.

Hint! 일으키다 levanto[레반또](levantar의 1인칭 단수) | 8시에 a las ocho[아 라스 오초] ※시간 표현: a + 정관사 + 숫자

6 그는 머리를 자른다.

Hint! 자르다 corta[꼬르따](cortar의 3인칭 단수) | 머리카락 el pelo [엘 뻴로](정관사 + 명사)

7 저는 라라라고 불러요.

Hint! 부르다 llamo[야모](llamar의 1인칭 단수)

정답은 요리즐기기 정답 168p에서 확인!

메인요리 ❷

8분

노소뜨로스 노 노스 아레펜띠모스

Nosotros no nos arrepentimos.

우리는 후회하지 않습니다.

'nos, os, se' 같은 복수형 재귀 대명사는 복수 주어와 함께 쓰일 때, 상황에 따라 '서로(상호적)' 또는 '각자 자신에게(개별적)' 작용하는 동작을 나타낼 수 있어요.

POINT

재귀대명사 복수형

인칭	재귀 대명사	예 levantarse (일어나다)
1인칭 우리 자신을	nos [노스]	nos levantamos [노스 레반따모스]
2인칭 너희 자신을	os [오스]	os levantáis [오스 레반따이스]
3인칭 그들/그녀들/당신들 자신을	se [세]	se levantan [세 레반딴]

후루룩 문장 만들기

☝ 그들은 아침에 면도를 하지 않는다.

주어	부사	대명사	동사	전치사	정관사	명사
에요스 **Ellos** 그들은	노 **no** 아니다	세 **se** 자신	아페이딴 **afeitan** 면도하다	뽀르 **por** 에	라스 **las** 마다	마냐나스 **mañanas** 아침들

Tips! ❶ se(자신을): 3인칭 복수 재귀대명사 ❷ afeitan(면도하다): afeitar의 3인칭 복수
❸ por las mañanas(아침마다): por+시간 표현(복수) → 반복되는 시간대를 표현

✌ 우리는 매일 포옹합니다.

주어	대명사	동사	형용사	정관사	명사
노소뜨로스 **Nosotros** 우리	노스 **nos** 서로를	아브라사모스 **abrazamos** 포옹하다	또도스 **todos** 모든	로스 **los** 을	디아스 **días** 날들

Tips! ❶ nos(서로를): 1인칭 복수 재귀/상호 대명사
❷ abrazamos(껴안는다): abrazar의 1인칭 복수형
❸ todos los días(매일): 반복(습관)을 의미

메인요리 즐기기

SCAN ME!

빈칸에 알맞은 말을 넣고, 읽어 봅시다.

인칭	재귀 대명사
1인칭 우리 자신을	1 [노스]
2인칭 너희 자신을	1 [오스]
3인칭 그들/그녀들/당신들 자신을	1 [세]

우리말과 단어 힌트를 보고 문장을 만들어 봅시다.

4 우리는 카페에서 만나요.

Hint! 만나다 encontramos[엔꼰뜨라모스](encontrar의 1인칭 복수) | 카페에서 en la cafetería[엔 라 까페떼리아]

5 우리는 11월에 결혼해요.

Hint! 결혼하다 casamos[카사모스](casar의 1인칭 복수) | 11월에 en noviembre[엔 노비엠브레]

6 그들은 아침에는 샤워하지 않습니다.

Hint! 샤워를 하다 duchan[두찬](duchar의 3인칭 복수) | 아침마다(습관적으로) por las mañanas [뽀르 라스 마냐나스]

7 우리는 후회하지 않습니다.

Hint! 후회하다 arrepentimos[아레펜띠모스](arrepentir의 1인칭 복수)

정답은 요리즐기기 정답 168p에서 확인!

메인요리 ❸

8분

세 벤데 빤

Se vende pan.

빵을 팝니다.

재귀대명사 'se'를 사용하여 '비인칭 수동문'을 만들 수 있어요. Se를 사용한 비인칭 수동문은 누가 행동을 하는지 중요하지 않거나 모를 때 사용하며, '(사람이 일반적으로) ~한다, 누군가 ~한다'의 의미를 가집니다. 간판이나 가게 앞, 광고 문구 등에서 자주 보이는 표현이에요.

POINT
비인칭 수동문: se+동사+주어(실제 대상)
※ 동사는 주어의 수(단수/복수)에 일치해야 합니다.

후루룩 문장 만들기

금을 매입합니다.

대명사	동사	명사
세 Se (누군가가)	꼼쁘라 compra 매입하다	오로 oro 금

Tips! ❶ Se(누군가가): 비인칭 대명사 ❷ compra(매입하다, 사다): comprar의 3인칭 단수
❸ oro(금): 남성 단수, 문장의 주어 ※ 동사는 주어의 수(단수/복수)에 일치해야 함.

시계는 어디서 팔아요?(시계가 어디에서 팔리나요?)

의문사	대명사	동사	명사
돈데 ¿Dónde 어디에서	세 se (일반적으로)	벤덴 venden 팔리다	렐로헤스 relojes? 시계

Tips! ❶ Se(일반적으로): 비인칭 대명사 ❶ venden(팔리다): 3인칭 복수형
❷ relojes(시계들): 남성 복수, 문장의 주어

메인요리 즐기기

SCAN ME!

괄호 안에 알맞은 말을 넣고, 읽어 봅시다.

1 비인칭 수동문 ( ) + 동사 + 주어(대상)

우리말과 단어 힌트를 보고 문장을 만들어 봅시다.

2 빵을 팝니다.

Hint! 판다 vende[벤데](vender의 3인칭 단수) | 빵 pan[빤](남성 단수)

3 방을 임대합니다.

Hint! 임대하다 alquilan[알낄란](alquilar의 3인칭 복수) | 방들 habitaciones[아비따씨오네스](여성 복수)

4 직원 모집 중입니다.

Hint! 찾는다 buscan[부스깐](buscar의 3인칭 복수) | 직원들 empleados[엠쁠레아도스](남성 복수)

5 차는 어디서 빌릴 수 있나요?(차들이 어디에서 임대되나요?)

Hint! 빌린다 alquilan[알낄란](alquilar 현재형 3인칭 복수형) | 자동차들 coches[꼬체스](남성 복수)

6 입장권은 어디서 사요?(입장권이 어디에서 사지나요?)

Hint! 산다 compran[꼼쁘란](comprar의 현재형 3인칭 복수) | 입장권들 entradas[엔뜨라다스](여성 복수)

정답은 요리즐기기 정답 168p에서 확인!

5분 휴식

디저트

학습을 마친 후, 얼마나 이해했는지 다시 한번 체크해 보세요!

	그렇다	보통이다	모르겠다
몇 시에 일어나는지 상대에게 물을 수 있다.	☐	☐	☐
나는 8시에 일어난다고 답할 수 있다.	☐	☐	☐
재귀대명사를 인칭별로 말할 수 있다.	☐	☐	☐
우리는 후회하지 않는다고 말할 수 있다.	☐	☐	☐
차는 어디에서 빌릴 수 있는지 물어볼 수 있다.	☐	☐	☐
시계는 어디에서 파는지 물어볼 수 있다.	☐	☐	☐

* 스코어 계산법 :
그렇다=3점, 보통이다=2점, 모르겠다=1점

나의 합계 스코어는 ______ 점

☑ 셀프진단

» **14점 이상 ★★★**
정말 훌륭합니다! '메인 요리1~3'을 입으로 뱉어 본 후 바로 학습을 종료해 주세요.

» **9~13점 ★★**
거의 다 왔습니다! 약한 부분만 시간에 맞춰 다시 학습한 후 학습을 종료해 주세요.

» **9점 미만 ★**
괜찮아요! 다시 한번 차근차근 '메인 요리1~3'을 학습해 봅시다!

라라의 왕초보 스페인어

문법 & 작문 부록

- 메인요리 즐기기 정답
- 후루룩 문법&표현 모음집

메인요리 즐기기 정답

Día 1

메인요리 ❶ - 메인요리 즐기기 p.25

1 hablo
2 hablas
3 habla
4 como
5 comes
6 come
7 vivo
8 vives
9 vive
10 Yo hablo español.
11 Ella come una tarta.
12 Tú vives en Madrid.

메인요리 ❷ - 메인요리 즐기기 p.27

1 trabajamos
2 trabajáis
3 trabajan
4 bebemos
5 bebéis
6 beben
7 escribimos
8 escribís
9 escriben
10 Nosotros no trabajamos en una oficina.
11 Vosotros no bebéis alcohol.
12 Ellas no escriben emails.

메인요리 ❸ - 메인요리 즐기기 p.29

1	2	3
o	o	o
as	es	es
a	e	e
amos	emos	imos
áis	éis	ís
an	en	en

4 Ella abre la ventana.
5 ¿Él vive cerca?
6 Vosotros no bebéis refrescos.

Día 2

메인요리 ❶ - 메인요리 즐기기 p.35

1 soy
2 eres
3 es
4 Ella es delgada.
5 Yo soy americano.
6 Él es jóven.

메인요리 ❷ - 메인요리 즐기기 p.37

1 somos
2 sois
3 son
4 Vosotros sois de Argentina.
5 Los aviones son de metal.
6 Las camisetas son de mi hermana.

메인요리 ❸ - 메인요리 즐기기 p.39

1 soy
2 eres
3 es
4 somos
5 sois
6 son
7 ¿Ellos son tres hermanos?
8 El espectáculo es a las 10am.
9 Mañana no es viernes.

Día 3

메인요리 ❶ - 메인요리 즐기기 p.45

1 estoy
2 estás
3 está
4 Yo estoy hambriento.
5 El libro está cerrado.
6 Mi madre está enfadada.

메인요리 ❷ - 메인요리 즐기기 p.47

1 estamos
2 estáis
3 están
4 Nosotros estamos aprendiendo español.
5 Ellos están conduciendo.
6 Nosotros no estamos bebiendo cerveza.

메인요리 ❸ - 메인요리 즐기기 p.49

1 estoy
2 estás
3 está
4 estamos
5 estáis
6 están
7 El cuaderno está en la mesa.
8 Yo no estoy en Barcelona.
9 La Torre Eiffel está en París.

Día 4

메인요리 ❶ - 메인요리 즐기기 p.55

1 Los niños juegan en el parque.
2 La música es bonita.
3 Yo leo las noticias en el periódico.
4 Tú haces la tarea.

메인요리 ❷ - 메인요리 즐기기 p.57

1 Yo tengo un gato.
2 Tú vas a una fiesta.
3 Unos perros corren en la calle.
4 Vosotros hacéis unas tartas.

메인요리 ❸ - 메인요리 즐기기 p.59

1 este/esta
2 ese/esa
3 aquel/aquella
4 estos/estas
5 esos/esas
6 aquellos/aquellas
7 esto/estos
8 eso/esos
9 aquello/aquellos
10 Aquel camarero no sabe cocinar.
11 ¿Esos son tus calcetines?
12 Eso no tiene sentido.

Día 5

메인요리 ❶ - 메인요리 즐기기 p.65

1 lunes
2 martes
3 miércoles
4 jueves
5 viernes
6 sábado
7 domingo
8 Mañana es martes.
9 Yo voy a la piscina los jueves.
10 El sábado es su cumpleaños.

메인요리 ❷ - 메인요리 즐기기 p.67

1 enero
2 abril
3 junio
4 julio
5 septiembre
6 diciembre
7 Yo voy a Madrid en septiembre.
8 El cumpleaños de mi madre es a finales de julio.
9 La tienda cierra en octubre.

메인요리 ❸ - 메인요리 즐기기 p.69

1 desde/hasta
2 desde/hasta
3 desde/hasta
4 desde/hasta
5 El evento es desde el viernes hasta el domingo.
6 La reunión es desde las dos.
7 ¿La clase es hasta el fin de semana?

Día 6

메인요리 ❶ - 메인요리 즐기기 p.75

1 dos
2 cuatro
3 ocho
4 once
5 doce
6 trece
7 catorce
8 quince
9 dieciocho
10 veinte
11 En la mesa hay ocho libros.
12 Mi casa tiene cinco habitaciones.
13 La bebida cuesta tres euros.

메인요리 ❷ - 메인요리 즐기기 p.77

1 primero
2 cuarto
3 séptimo
4 noveno
5 decimoprimer(o)
6 decimotercero
7 Noviembre es el decimoprimer mes.
8 El primer libro es divertido.
9 Yo vivo en la quinta planta.

메인요리 ❸ - 메인요리 즐기기 p.79

1 (tener) + 나이 + años
2 (ser) + el + 일 + de + 월 + de + 년
3 ¿Cuándo es tu cumpleaños?
4 Mi cumpleaños es el uno de abril.
5 ¿Tu hermana cuántos años tiene?
6 Mañana es el 16 de julio.

Día 7

메인요리 ❶ - 메인요리 즐기기 p.85

1 ¿Qué?
2 ¿Cuál?/¿Cuáles?
3 ¿Qué haces hoy?
4 ¿Cuál es tu lugar favorito en España?
5 ¿Cuáles son tus aficiones?
6 ¿Cuál es tu animal favorito?

메인요리 ❷ - 메인요리 즐기기 p.87

1 ¿Quién?
2 ¿Quiénes?
3 ¿Quién es el protagonista?
4 ¿Quién es aquel hombre?
5 ¿Quién quiere café?
6 ¿Quiénes son tus compañeros?

메인요리 ❸ - 메인요리 즐기기 p.89

1 ¿Por qué?
2 Porque
3 ¿Por qué aprendes español?
4 Porque quiero viajar a España.
5 ¿Por qué no vas a la fiesta?
6 ¿Por qué está cansado?

Día 8

메인요리 ❶ - 메인요리 즐기기 p.95

1 (Es) (la)
2 (Son) (las)
3 (Son) (las)
4 (Son) (las)
5 (Son) (las)
6 (Son) (las)
7 (Son) (las)
8 (Son) (las)
9 (Son) (las)
10 (Son) (las)
11 (Son) (las)
12 (Son) (las)
13 La clase es a las cuatro de la tarde.
14 La película es a las siete y cincuenta.
15 ¿Qué haces hoy a las ocho?

메인요리 ❷ - 메인요리 즐기기 p.97

1 y cuarto
2 y media
3 menos cuarto
4 Mi trabajo termina a las siete menos cuarto.
5 El teatro abre a las diez y media de la mañana.
6 Yo vuelvo a casa a las seis y cuarto de la tarde.

메인요리 ❸ - 메인요리 즐기기 p.99

1 (durar)
2 (durar)
3 (durar)
4 (durar)
5 (durar)
6 La reunión dura una hora y media.
7 Tu carrera dura cuatro años.
8 El viaje en tren dura cuarenta y cinco minutos.

Día 9

메인요리 ❶ - 메인요리 즐기기 p.105

1 me
2 te
3 le
4 Me gustan las patatas fritas.
5 Le gusta el fútbol.
6 Te gusta el k-pop.
7 Le gusta el español.

메인요리 ❷ - 메인요리 즐기기 p.107

1 nos
2 os
3 les
4 Les falta tiempo.
5 Nos apetece un café.
6 Les encanta viajar.
7 No nos gustan las películas de terror.

메인요리 ❸ - 메인요리 즐기기 p.109

1 a mi
2 a ti
3 a él/a ella/a usted
4 a nosotros/a nosotras
5 a vosotros/vosotras
6 a ellos/a ellas/a ustedes
7 A mi abuela le encanta leer.
8 A tus amigos les molesta el humo.
9 ¿A ti te apetece un té caliente?

Día 10

메인요리 ❶ - 메인요리 즐기기 p.115

1 mi
2 tu
3 su
4 mío/a
5 tuyo/a
6 suyo/a
7 Mi casa está en el campo.
8 Tu coche es rojo.
9 Su bicicleta es nueva.

메인요리 ❷ - 메인요리 즐기기 p.117

1 nuestro/a
2 vuestro/a
3 su
4 nuestro/a
5 vuestro/a
6 suyo/a
7 Estos son nuestros perros.
8 Esta es mi taza y aquella es la suya.
9 Nuestros gatos están dormidos.
10 Nuestros padres están en casa.

메인요리 ❸ - 메인요리 즐기기 p.119

1 문장 A + (pero) + 문장 B
2 Mi bicicleta es nueva pero la suya es vieja.
3 Mi pelo es rubio pero el tuyo es moreno.
4 Su habitación está sucia, pero la suya está limpia.
5 Su corbata es roja pero la mía es verde.

Día 11

메인요리 ❶ - 메인요리 즐기기 p.125

1 ¿(Cómo) + ser + 주어?
2 ¿(Cómo) + estar + 주어?
3 ¿(Cómo) + se + 동사?
4 ¿Cómo es la película?
5 ¿Cómo está tu madre?
6 ¿Cómo se hace la tortilla?
7 ¿Cómo quieres el café?

메인요리 ❷ - 메인요리 즐기기 p.127

1 desde cuándo
2 hasta cuándo
3 para cuándo
4 de cuándo
5 ¿Cuándo es la cita?
6 ¿Cuándo vais de vacaciones?
7 ¿Cuándo llegas al aeropuerto?

메인요리 ❸ - 메인요리 즐기기 p.129

1 어디로
2 어디에서부터
3 어느 방향으로
4 어디까지
5 어디에서(출신)
6 어느 방향으로/에
7 ¿De dónde es Laura?
8 ¿Para dónde va este autobús?
9 ¿Dónde compran billetes de tren?

Día 12

메인요리 ❶ - 메인요리 즐기기 p.135

1 (más) + 형용사 + (que)
2 (más) + 부사 + (que)
3 (más) + 명사 + (que)
4 동사 + (más) (que)
5 Tú trabajas más que yo.
6 Mi abuela es más joven que tu abuelo.
7 Esta cafetería es más popular que aquella.
8 Tú eres más listo que él.

메인요리 ❷ - 메인요리 즐기기 p.137

1 (menos) + 형용사 + (que)
2 (menos) + 부사 + (que)
3 (menos) + 명사 + (que)
4 동사 + (menos) (que)
5 Tú te estresas menos que yo.
6 Este hotel es menos caro que aquel.
7 Ellos comen menos que nosotros.
8 Ana es menos alta que yo.

메인요리 ❸ - 메인요리 즐기기 p.139

1 (tan) + 형용사 + (como)
2 (tan) + 부사 + (como)
3 (tan) + bien / mal + (como)
4 (tanto/tanta/tantos/tantas) + 명사 + (como)
5 ¿María es tan alta como Juan?
6 Yo tengo tantos vestidos como tú.
7 ¿Hoy llueve tanto como ayer?
8 Tengo tanta sed como tú.

Día 13

메인요리 ❶ - 메인요리 즐기기 p.145

1 Mucho
2 Muchos
3 mucha
4 muchas
5 Ellos hablan español muy bien.
6 Yo corro mucho todos los días.
7 Tus amigas son muy amablas.
8 Ella es muy lista.

메인요리 ❷ - 메인요리 즐기기 p.147

1 mejor
2 mejor
3 peor
4 peor
5 Mi coche es el mejor.
6 Esa bebida es la menos dulce.
7 Esos restaurantes son los mejores.

메인요리 ❸ - 메인요리 즐기기 p.149

1 riquísimo
2 riquísima
3 amabilísimo
4 amabilísima
5 aburridísimo
6 aburridísima
7 El kimchi está riquísimo.
8 Esa película es aburridísima.
9 El examen es facilísimo.

Día 14

메인요리 ❶ - 메인요리 즐기기 p.155

1 me
2 te
3 se
4 La niña se peina el pelo.
5 Yo me levanto a las ocho.
6 Él se corta el pelo.
7 Yo me llamo Lara.

메인요리 ❷ - 메인요리 즐기기 p.157

1 nos
2 os
3 se
4 Nosotros nos encontramos en la cafetería.
5 Nosotros nos casamos en noviembre.
6 Ellos no se duchan por las mañanas.
7 Nosotros no nos arrepentimos.

메인요리 ❸ - 메인요리 즐기기 p.159

1 (se) + 동사 + 주어(대상)
2 Se vende pan.
3 Se alquilan habitaciones.
4 Se buscan empleados.
5 ¿Dónde se alquilan coches?
6 ¿Dónde se compran entradas?

MEMO

라라의 왕초보 스페인어

후루룩 문법&표현 모음집

인칭 대명사

Día1

주격 인칭 대명사		의미
1인칭 단수	Yo [요]	나
2인칭 단수	Tú [뚜]	너
3인칭 단수	Él [엘] Ella [에야] ※ Usted [우스떼드]	그 그녀 당신
1인칭 복수	Nosotros [노소뜨로스] Nosotras [노소뜨라스]	우리 우리(여자만)
2인칭 복수	Vosotros [보소뜨로스] Vosotras [보소뜨라스]	너희 너희(여자만)
3인칭 복수	Ellos [에요스] Ellas [에야스] ※ Ustedes [우스떼데스]	그들 그녀들 당신들

※ 스페인어의 Usted/Ustedes는 2인칭 단수/복수인데, 동사는 3인칭 형태로 활용돼요. 주로 높임말로 쓰이고, 스페인보다는 라틴아메리카에서 자주 사용됩니다.

규칙동사의 어미변화(현재시제)

Día1

주어		Hablar [아블라르] 말하다	Comer [꼬메르] 먹다	Vivir [비비르] 살다
1인칭 단수	Yo	hablo [아블로]	como [꼬모]	vivo [비보]
2인칭 단수	Tú	hablas [아블라스]	comes [꼬메스]	vives [비베스]
3인칭 단수	Él/Ella/Usted	habla [아블라]	come [꼬메]	vive [비베]
1인칭 복수	Nosotros/ Nosotras	hablamos [아블라모스]	comemos [꼬메모스]	vivimos [비비모스]
2인칭 복수	Vosotros/ Vosotras	habláis [아블라이스]	coméis [꼬메이스]	vivís [비비스]
3인칭 복수	Ellos/Ellas/ Ustedes	hablan [아블란]	comen [꼬멘]	viven [비벤]

인칭 대명사 빈칸 채우기

주격 인칭 대명사		의미
1인칭 단수		나
2인칭 단수		너
3인칭 단수		그 그녀 당신
1인칭 복수		우리 우리(여자만)
2인칭 복수		너희 너희(여자만)
3인칭 복수		그들 그녀들 당신들

규칙동사의 어미변화(현재시제) 빈칸 채우기

주어		Hablar [아블라르] 말하다	Comer [꼬메르] 먹다	Vivir [비비르] 살다
1인칭 단수	Yo			
2인칭 단수	Tú			
3인칭 단수	Él/Ella/Usted			
1인칭 복수	Nosotros/ Nosotras			
2인칭 복수	Vosotros/ Vosotras			
3인칭 복수	Ellos/Ellas/ Ustedes			

규칙동사 종류

Día 1

-ar 동사			-er 동사			-ir 동사		
걷다	caminar	[까미나르]	배우다	aprender	[아프렌데르]	열다	abrir	[아브리르]
춤추다	bailar	[바일라르]	읽다	leer	[레에르]	쓰다	escribir	[에스끄리비르]
쉬다	descansar	[데스깐사르]	팔다	vender	[벤데르]	받다	recibir	[레시비르]
여행하다	viajar	[비아하르]	달리다	correr	[꼬레르]	결정하다	decidir	[데시디르]
노래하다	cantar	[깐따르]	대답하다	responder	[레스뽄데르]	참석하다	asistir	[아시스띠르]
사다	comprar	[꼼쁘라르]	부수다	romper	[롬뻬르]	허락하다	permitir	[뻬르미띠르]

ser 동사 & estar 동사

Día 2~3

주어		ser [세르] ~이다(변하지 않는 성질)	estar [에스따르] ~이다(일시적 상태, 위치)
1인칭 단수	Yo	soy [소이]	estoy [에스또이]
2인칭 단수	Tú	eres [에레스]	estás [에스따스]
3인칭 단수	Él/Ella/Usted	es [에스]	está [에스따]
1인칭 복수	Nosotros/Nosotras	somos [소모스]	estamos [에스따모스]
2인칭 복수	Vosotros/Vosotras	sois [소이스]	estáis [에스따이스]
3인칭 복수	Ellos/Ellas/Ustedes	son [손]	están [에스딴]

- ser: (주어의 이름/국적/직업/성격/날짜 등이) ~이다
- estar: (주어의 감정, 기분, 위치, 현재 상태 등이) ~한 상태이다, ~(에) 있다, ~하는 중이다

규칙동사 종류 빈칸 채우기

-ar 동사		-er 동사		-ir 동사	
걷다	[까미나르]	배우다	[아프렌데르]	열다	[아브라르]
춤추다	[바일라르]	읽다	[레에르]	쓰다	[에스끄리비르]
쉬다	[데스깐사르]	팔다	[벤데르]	받다	[레시비르]
여행하다	[비아하르]	달리다	[꼬레르]	결정하다	[데시비르]
노래하다	[깐따르]	대답하다	[레스뽄데르]	참석하다	[아시스띠르]
사다	[꼼쁘라르]	부수다	[롬뻬르]	허락하다	[뻬르미띠르]

ser 동사 & estar 동사 빈칸 채우기

주어		ser [세르] ~이다(변하지 않는 성질)	estar [에스따르] ~이다(일시적 상태, 위치)
1인칭 단수	Yo		
2인칭 단수	Tú		
3인칭 단수	Él/Ella/Usted		
1인칭 복수	Nosotros/Nosotras		
2인칭 복수	Vosotros/Vosotras		
3인칭 복수	Ellos/Ellas/Ustedes		

● 위치 전치사

Día 3

전치사	발음	의미
en	[엔]	~에
sobre	[소브레]	~위에, ~위쪽에
debajo de	[데바호 데]	~아래에
encima de	[엔씨마 데]	~위에, ~위쪽에
detrás de	[데뜨라스 데]	~뒤에
delante de	[델란떼 데]	~앞에
al lado de	[알 라도 데]	~옆에
entre A y B	[엔뜨레 A 이 B]	A와 B 사이에
cerca de	[쎄르까 데]	~근처에
lejos de	[레호스 데]	~멀리

● 정관사

Día 4

성/수	정관사(the)	예시	부정관사 (a, some)	예시
남성 단수	el [엘]	el libro 책은	un [운]	un libro 어떤 책
여성 단수	la [라]	la casa 집은	una [우나]	una casa 어떤 집
남성 복수	los [로스]	los perros 개들은	unos [우노스]	unos perros 개 몇 마리
여성 복수	las [라스]	las flores 꽃들은	unas [우나스]	unas mesas 테이블 몇 개

● 색깔 형용사 변화표 (성/수 일치)

Día 4

원형 (기본형)	의미	남성 단수	여성 단수	남성 복수	여성 복수
rojo [로호]	빨강	rojo	roja	rojos	rojas
blanco [블랑꼬]	하양	blanco	blanca	blancos	blancas
negro [네그로]	검정	negro	negra	negros	negras
amarillo [아마리요]	노랑	amarillo	amarilla	amarillos	amarillas
verde [베르데] ※	초록	verde		verdes	
azul [아술] ※	파랑	azul		azules	
gris [그리스] ※	회색	gris		grises	
marrón [마론] ※	갈색	marrón		marrones	

※ verde, azul, gris, marrón 등은 성별 구분 없이 단/복수만 구별합니다.

● 위치 전치사 빈칸 채우기

전치사	발음	의미
en	[엔]	
sobre	[소브레]	
debajo de	[데바호 데]	
encima de	[엔씨마 데]	
detrás de	[데뜨라스 데]	
delante de	[델란떼 데]	
al lado de	[알 라도 데]	
entre A y B	[엔뜨레 A 이 B]	
cerca de	[쎄르까 데]	
lejos de	[레호스 데]	

● 정관사 빈칸 채우기

성/수	정관사(the)	부정관사 (a, some)
남성 단수		
여성 단수		
남성 복수		
여성 복수		

● 색깔 형용사 변화표 빈칸 채우기

원형 (기본형)	의미	남성 단수	여성 단수	남성 복수	여성 복수
rojo [로호]					
blanco [블랑꼬]					
negro [네그로]					
amarillo [아마리요]					
verde [베르데] ※					
azul [아술] ※					
gris [그리스] ※					
marrón [마론] ※					

불규칙 동사 활용

Día 4

불규칙동사	주어(단수)			주어(복수)		
	1인칭	2인칭	3인칭	1인칭	2인칭	3인칭
Tener [떼네르] 가지고 있다	Tengo [뗀고]	Tienes [띠에네스]	Tiene [띠에네]	Tenemos [떼네모스]	Tenéis [떼네이스]	Tienen [띠에넨]
Hacer [아세르] 하다/만들다	Hago [아고]	Haces [아세스]	Hace [아세]	Hacemos [아세모스]	Hacéis [아세이스]	Hacen [아센]
Ir [이르] 가다	Voy [보이]	Vas [바스]	Va [바]	Vamos [바모스]	Vais [바이스]	Van [반]
Venir [베니르] 오다	Vengo [벤고]	Vienes [비에네스]	Viene [비에네]	Venimos [베니모스]	Venís [베니스]	Vienen [비에넨]
Poder [뽀데르] 할 수 있다	Puedo [뿌에도]	Puedes [뿌에데스]	Puede [뿌에데]	Podemos [뽀데모스]	Podéis [뽀데이스]	Pueden [뿌에덴]
Dar [다르] 주다	Doy [도이]	Das [다스]	Da [다]	Damos [다모스]	Dais [다이스]	Dan [단]
Salir [사리르] 나가다	Salgo [살고]	Sales [살레스]	Sale [살레]	Salimos [살리모스]	Salís [살리스]	Salen [살렌]
Poner [뽀네르] 놓다	Pongo [뽄고]	Pones [뽀네스]	Pone [뽀네]	Ponemos [뽀네모스]	Ponéis [뽀네이스]	Ponen [뽀넨]
Jugar [후가르] 놀다	Juego [후에고]	Juegas [후에가스]	Juega [후에가]	Jugamos [후가모스]	Jugáis [후가이스]	Juegan [후에간]
Leer [레에르] 읽다	Leo [레오]	Lees [레에스]	Lee [레에]	Leemos [레에모스]	Leéis [레에이스]	Leen [레엔]
Volar [볼라르] 날아가다	Vuelo [부엘로]	Vuelas [부엘라스]	Vuela [부엘라]	Volamos [볼라모스]	Voláis [볼라이스]	Vuelan [부엘란]

불규칙 동사 활용 빈칸 채우기

불규칙동사	주어(단수)			주어(복수)		
	1인칭	2인칭	3인칭	1인칭	2인칭	3인칭
Tener [떼네르] 가지고 있다						
Hacer [아세르] 하다/만들다						
Ir [이르] 가다						
Venir [베니르] 오다						
Poder [뽀데르] 할 수 있다						
Dar [다르] 주다						
Salir [사리르] 나가다						
Poner [뽀네르] 놓다						
Jugar [후가르] 놀다						
Leer [레에르] 읽다						
Volar [볼라르] 날아가다						

지시 형용사

Día 4

지시형용사	단수형 (남/여)	복수형 (남/여)
이~ (화자와 가까움)	este/esta [에스떼/에스따]	estos/estas [에스또스/에스따스]
그~ (청자와 가까움)	ese/esa [에세/에사]	esos/esas [에소스/에사스]
저~ (모두와 먼 것)	aquel/aquella [아껠/아께야]	aquellos/aquellas [아께요스/아께야스]

지시 대명사

Día 4

지시대명사	단수형 (남/여)	복수형 (남/여)	중성형 (단수/복수)
이것 (화자와 가까움)	este/esta [에스떼/에스따]	estos/estas [에스또스/에스따스]	esto/estos [에스또/에스또스]
그것 (청자와 가까움)	ese/esa [에세/에사]	esos/esas [에소스/에사스]	eso/esos [에소/에소스]
저것 (모두와 먼 것)	aquel/aquella [아껠/아께야]	aquellos/aquellas [아께요스/아께야스]	aquello/aquellos [아께요/아께요스]

※ 중성 지시대명사란 성별 없이 추상적 개념/상황/사물 전체를 가리킬 때 사용해요.

● 지시 형용사 빈칸 채우기

지시형용사	단수형 (남/여)	복수형 (남/여)
이~ (화자와 가까움)		
그~ (청자와 가까움)		
저~ (모두와 먼 것)		

● 지시 대명사 빈칸 채우기

지시대명사	단수형 (남/여)	복수형 (남/여)	중성형 (단수/복수)
이것 (화자와 가까움)			
그것 (청자와 가까움)			
저것 (모두와 먼 것)			

요일 표현

Día 5

월요일	lunes [루네스]	월요일에	el lunes [엘 루네스]	월요일마다	los lunes [로스 루네스]
화요일	martes [마르떼스]	화요일에	el martes [엘 마르떼스]	화요일마다	los martes [로스 마르3떼스]
수요일	miércoles [미에르꼴레스]	수요일에	el miércoles [엘 미에르꼴레스]	수요일마다	los miércoles [로스 미에르꼴레스]
목요일	jueves [후에베스]	목요일에	el jueves [엘 후에베스]	목요일마다	los jueves [로스 후에베스]
금요일	viernes [비에르네스]	금요일에	el viernes [엘 비에르네스]	금요일마다	los viernes [로스 비에르네스]
토요일	sábado [사바도]	토요일에	el sábado [엘 사바도]	토요일마다	los sábados [로스 사바도스]
일요일	domingo [도민고]	일요일에	el domingo [엘 도민고]	일요일마다	los domingos [로스 도민고스]

월 표현

Día 5

1월	2월	3월	4월	5월	6월
enero [에네로]	febrero [페브레로]	marzo [마르소]	abril [아브릴]	mayo [마요]	junio [후니오]
7월	**8월**	**9월**	**10월**	**11월**	**12월**
julio [훌리오]	agosto [아고스또]	septiembre [셉띠엠브레]	octubre [옥뚜브레]	noviembre [노비엠브레]	diciembre [디시엠브레]

● 요일 표현 빈칸 채우기

월요일		월요일에		월요일마다	
화요일		화요일에		화요일마다	
수요일		수요일에		수요일마다	
목요일		목요일에		목요일마다	
금요일		금요일에		금요일마다	
토요일		토요일에		토요일마다	
일요일		일요일에		일요일마다	

● 월 표현 빈칸 채우기

1월	2월	3월	4월	5월	6월
7월	**8월**	**9월**	**10월**	**11월**	**12월**

● 기본 숫자 표현

Día 6

0	cero [세로]	10	diez [디에스]	20	veinte [베인떼]	30	treinta [뜨레인따]
1	uno [우노]	11	once [온세]	21	veintiuno [베인띠우노]	31	treinta y uno [뜨레인따 이 우노]
2	dos [도스]	12	doce [도세]	22	veintidós [베인띠도스]	32	treinta y dos [뜨레인따 이 도스]
3	tres [뜨레스]	13	trece [뜨레세]	23	veintitrés [베인띠뜨레스]	33	treinta y tres [뜨레인따 이 뜨레스]
4	cuatro [꾸아뜨로]	14	catorce [까또르세]	24	veinticuatro [베인띠꾸아뜨로]	40	cuarenta [꾸아렌따]
5	cinco [신꼬]	15	quince [낀세]	25	veinticinco [베인띠신꼬]	50	cincuenta [신꾸엔따]
6	seis [세이스]	16	dieciséis [디에시세이스]	26	veintiséis [베인띠세이스]	60	sesenta [세센따]
7	siete [시에떼]	17	diecisiete [디에시시에떼]	27	veintisiete [베인띠시에떼]	70	setenta [세뗀따]
8	ocho [오초]	18	dieciocho [디에시오초]	28	veintiocho [베인띠오초]	80	ochenta [오첸따]
9	nueve [누에베]	19	diecinueve [디에시누에베]	29	veintinueve [베인띠누에베]	90	noventa [노벤따]

※ 10보다 큰 숫자는 '십의 자리 + y + 일의 자리'로 말해요(11, 12, 13, 14, 15는 제외).

※ 숫자 1은 남성 명사 앞 Un, 여성 명사 앞 Una, 단독 사용 시 Uno가 돼요.

※ 또한 16부터 29까지의 숫자에 대해서는 접속사 'y' 대신 문자 'i'를 사용하여 단일 단어로 만들어요.

● 시간 표현

Día 6

~월 ~일	정관사(el)+숫자(날짜)+de+월
~시 ~분이다	ser la/las 숫자(시간) y 숫자(분)
~시 ~분 전이다	ser la/las 숫자(시간) menos 숫자(분)
오전 ~시이다	ser la/las 숫자(시간) de la mañana
오후 ~시이다	ser la/las 숫자(시간) de tarde
밤 ~시이다	ser la/las 숫자(시간) de la noche
~시에	a la/las 숫자(시간)
오전에/오후에/밤에	por la mañana/la trade/la noche

기본 숫자 표현 빈칸 채우기

0		10		20		30	
1		11		21		31	
2		12		22		32	
3		13		23		33	
4		14		24		40	
5		15		25		50	
6		16		26		60	
7		17		27		70	
8		18		28		80	
9		19		29		90	

시간 표현 빈칸 채우기

~월 ~일	
~시 ~분이다	
~시 ~분 전이다	
오전 ~시이다	
오후 ~시이다	
밤 ~시이다	
~시에	
오전에/오후에/밤에	

● 큰 숫자 표현

Día 6

100	cien [시엔]	2,000	dos mil [도스 밀]
101	ciento uno [시엔또 우노]	3,000	tres mil [뜨레스 밀]
146	ciento cuarenta y seis [시엔또 꾸아렌따 이 세이스]	4,000	cuatro mil [꾸아뜨로 밀]
200	doscientos [도스시엔또스]	10,000	diez mil [디에스 밀]
300	trescientos [뜨레스시엔또스]	100,000	cien mil [시엔 밀]
400	cuatrocientos [꾸아뜨로시엔또스]	1,000,000	un millón [운 미욘]
500	quinientos [끼니엔또스]	4,000,000	cuatro millones [꾸아뜨로 미요네스]
600	seiscientos [세이스시엔또스]	75,000,000	setenta y cinco millones [세뗀따 이 신꼬 미요네스]
700	setecientos [세떼시엔또스]	200,000,000 (2억)	doscientos millones [도스시엔또스 미요네스]
800	ochocientos [오초시엔또스]	4,000,000,000 (40억)	cuatro mil millones [꾸아뜨로 밀 미요네스]
900	novecientos [노베시엔또스]	70,000,000,000 (700억)	setenta mil millones [세뗀따 밀 미요네스]
1,000	mil [밀]	1조	un billón [운 비욘]

※ cien은 100일 때만 사용하며, 101 이상은 ciento로 씁니다.

※ mil은 정관사 없이 사용합니다. (예: mil euros)

※ 스페인어의 un billón은 한국어 기준 '1조'입니다. (영어권 billion과 다름)

큰 숫자 표현 빈칸 채우기

100		2,000	
101		3,000	
146		4,000	
200		10,000	
300		100,000	
400		1,000,000	
500		4,000,000	
600		75,000,000	
700		200,000,000 (2억)	
800		4,000,000,000 (40억)	
900		70,000,000,000 (700억)	
1,000		1조	

서수 표현(순서, 위치, ~번째)

Día 6

1°	primero [쁘리메로]	11°	decimoprimer(o) [데시모쁘리메로]	21°	vigesimo primero [비헤시모 쁘리메로]
2°	segundo [세군도]	12°	decimosegundo [데시모세군도]	28°	vigesim octavo [비헤시모 옥따보]
3°	tercero [떼르세로]	13°	decimotercero [데시모떼르세로]	30°	trigésimo [뜨리헤시모]
4°	cuarto [꾸아르또]	14°	decimocuarto [데시모꾸아르또]	36°	trigésimo sexto [뜨리헤시모 섹스또]
5°	quinto [낀또]	15°	decimoquinto [데시모낀또]	40°	cuadrigésimo [꾸아드리헤시모]
6°	sexto [섹스또]	16°	decimosexto [데시모섹스또]	50°	quincuagésimo [낀꾸아헤시모]
7°	séptimo [셉띠모]	17°	decimoséptimo [데시모셉띠모]	60°	sexagésimo [섹사헤시모]
8°	octavo [옥따보]	18°	decimoctavo [데시모옥따보]	70°	septuagésimo [셉뚜아헤시모]
9°	noveno [노베노]	19°	decimonoveno [데시모노베노]	80°	octogésimo [옥또헤시모]
10°	décimo [데시모]	20°	vigésimo [비헤시모]	90°	nonagésimo [노나헤시모]

※ 기수와 달리 서수는 명사와 성별, 수의 일치가 필요하며 그 앞에 정관사가 필요해요.

※ 서수를 여성화하려면 마지막 '–o'를 'a' 변경, 복수로 만들려면 끝에 '–s'를 추가해요.

※ 서수를 숫자로만 표현하려면 남성의 경우 숫자 뒤에 'º'를, 여성의 경우 'ª'를 추가해요.

의문사

Día 7

무엇, 무슨	어떤 것	누구
Qué [께]	Cuál/Cuáles [꾸알/꾸알레스]	Quién/Quiénes [끼엔/끼에네스]
어떻게	**언제**	**어디에**
Cómo [꼬모]	Cuándo [꾸안도]	Dónde [돈데]
얼마나 많은	**몇**	**왜**
Cuánto/Cuánta [꾸안또/꾸안따]	Cuántos/Cuántas [꾸안또스/꾸안따스]	Por qué [뽀르 께]

서수 표현(순서, 위치, ~번째) 빈칸 채우기

1˚		11˚		21˚	
2˚		12˚		28˚	
3˚		13˚		30˚	
4˚		14˚		36˚	
5˚		15˚		40˚	
6˚		16˚		50˚	
7˚		17˚		60˚	
8˚		18˚		70˚	
9˚		19˚		80˚	
10˚		20˚		90˚	

의문사 빈칸 채우기

무엇, 무슨	어떤 것	누구
어떻게	언제	어디에
얼마나 많은	몇	왜

MEMO

라라의 왕초보 스페인어 문법 & 작문

초 판 발 행	2025년 9월 15일 (인쇄 2025년 8월 13일)
발 행 인	박영일
책 임 편 집	이해욱
저 자	라라 베니또
감 수	후루룩 외국어 연구소
기 획 편 집	이동준 · 신명숙
표지디자인	김지수
편집디자인	임아람 · 임창규
발 행 처	시대에듀
공 급 처	(주)시대고시기획
출 판 등 록	제 10-1521호
주 소	서울시 마포구 큰우물로 75 [도화동 538 성지 B/D] 9F
전 화	1600-3600
팩 스	02-701-8823
홈 페 이 지	www.sdedu.co.kr

I S B N	979-11-383-9645-5 (13770)
정 가	16,800원

후루룩외국어